销售要懂点心理学

销售心理学实战读本

安迪◎编著

中国商业出版社

图书在版编目（CIP）数据

销售要懂点心理学：销售心理学实战读本 / 安迪编著 .—北京：中国商业出版社，2016.9

ISBN 978-7-5044-9546-4

Ⅰ．①销… Ⅱ．①安… Ⅲ．①销售－商业心理学－通俗读物 Ⅳ．① F713.55-49

中国版本图书馆 CIP 数据核字（2016）第 207379 号

责任编辑：朱丽丽

中国商业出版社出版发行
010-63180647 www.c-cbook.com
（100053 北京广安门内报国寺 1 号）
新华书店总店北京发行所经销
北京毅峰迅捷印刷有限公司印刷

*

635 × 965 毫米 16 开 14 印张 180 千字
2016 年 10 月第 1 版 2016 年 10 月第 1 次印刷
定价：36.80 元

* * * *

（如有印装质量问题可更换）

序 言

PREFACE

销售就是一场心理博弈

时至今日，恐怕所有的销售人员都不得不承认销售不只是一种简单的商品交易，而是一场涉及众多元素的心理大战。对“战斗在第一线”的销售人员而言，销售是一场发生在自己和顾客之间的心理博弈。

正所谓狭路相逢勇者胜，在这场特殊的心理博弈中，销售人员如果能够让自己成功吃透顾客的心理，并借此引导顾客的行为，那么就会突破销售“围城”，成为销售的王者。

“不懂顾客心理，就无法成为成功的销售人员”，已经成为销售行业的共识。有人说，每一个靠自己成功的销售人员都是一名伟大的心理学家，他们的成功都是建立在对顾客心理的精准研究上。换一句话说，他们就是因为“吃透”了顾客的心理，并借此引导顾客的行为，才让自己走上了销售成功的道路。

此话言之不虚。销售成功的关键点是获得顾客的信赖，因为只有获得了顾客的信赖，顾客才乐意与你继续接触，并购买你推荐的产品，如果没有了这种信赖，则交易很难发生。而获得顾客信赖感的最主要的途径便是吃透顾客的心理，弄清楚顾客内心的真正想法，并在此基础上，解决顾客想要解决的问题，满足顾客的现实需求，最后水到渠成获得顾客的信赖。

成功的销售是从顾客的拒绝中走出来的。顾客为什么拒绝？拒绝的真正原因是什么？怎样改变顾客的排斥心理，让顾客愿意接受服务？同样也需要吃透顾客的心理。一句话，吃透顾客的心理是打赢这场特殊心理战的最重要的基石。

事实上，在销售人员揣摩顾客心理的同时，客户也在揣摩销售人员的心理：产品性能有说的那么优越吗？介绍产品时，他的眼神为什么闪烁不定？他在说谎吗？怎样才能知道给我的价格是不是最低的？我如何才能让他说实话？

就是在这样的揣度和试探中，买卖双方展开一场心理交锋，你来我往，互相试探，又互相戒备，都试图“读懂”对方，并引导对方，让对方跟着自己走。

不是东风压倒了西风，就是西风压倒了东风，在这场心理角逐中，谁“读懂”了对方，谁成功引导了对方，谁就会取得这场心理战的胜利，成为可以引导别人的人。

本书仔细剖析了在商品交易的过程中，顾客有着怎样的形形色色的消费心理，以及根源于这多种消费心理之下的种种外在表现，借以给销售人员以启示，使其透过现象看本质，以更好的形象展示自己，取信顾客；又该如何采取针对性措施，利用顾客的种种消费心理，创造出有利于销售的态势，最终顺利促成交易。

没有调查就没有发言权，书中源自现实世界的理论和解决方案切实可行，直接针对销售人员所面临的销售情况和困难，因此具有极强的指导意义，能为销售人员的日常销售工作提供全方位的贴心帮助，可以即学即用，即用即灵。

目 录

CONTENTS

上 篇 销售要迎合顾客的心理预期
——销售人员取信顾客的心理术

下篇　销售成交期赢得顾客心理认同

——在物有所值心理中实现双赢

SALE

上　篇

销售要迎合顾客的心理预期

——销售人员取信顾客的心理术

通常情况下，在消费之前，顾客对销售人员有一个心理预期，想象或希望销售人员是什么样子或应该处于什么样的状态。每个顾客对销售人员的心理预期不尽相同，甚至五花八门。销售人员要努力迎合顾客的心理预期，在顾客面前展现出最好状态的自己，以获取顾客的欢喜和信任，从而创造与顾客友好交流的“先机”。

第一章
销售产品前，先推销自己

很多时候，在销售商品的过程中，销售人员周到、专业、真诚、热情的服务形象给顾客留下了非常好的印象，使顾客产生了信任感，继而才对商品发生了兴趣，并在此基础上成功完成了交易。因此，在销售产品前，销售人员要先学会推销自己，努力在顾客内心留下好印象，为销售产品打下良好的“先入为主”的印象。

看得起自己，顾客才会信赖你

作为一名职业人员，最基本的职业道德要求就是一定要以端正的心态来对待自己所从事的职业，否则你将很难做好自己的工作。销售行业就是如此。

一定程度上，心态决定了命运。销售工作是一项极富挑战性的工作，是对销售人员心理素质的全面考验。当面对种种评论和非议时，销售人员必须要对自己所从事的职业有一个较为理性的认识，认识到自己工作的价值和意义，体会到为目标而努力奋斗的乐趣。这样才能保持良好的心态、全身心投入到自己的工作中去。

但是却偏偏有一部分销售人员，特别是刚刚跨入销售门槛的销售新人在面对顾客、与其进行交流时表现得坐立不安、手足无措，甚至语无伦次。其原因就是他们的自卑心在作祟。在他们看来，销售是一个卑微的行业，做销售是一件很没面子的工作，因此在顾客面前感觉低人一等、愧不如人。他们的内心常常充斥着这样一种想法：如果我不对顾客尊敬有加，如果我不时时处处顺着顾客说话，那么顾客会转身就走，我的销售工作就无法完成。

正是这种错误的想法让他们过于谦卑，过于顺着顾客。实际上，销售与其他行业一样，只是具体工作内容不同，而无尊卑之别。销售不是强买强卖，非要把产品或服务强加给别人，而是在帮助顾客解决问题。从这个角度上说，销售人员不但和顾客是平等的，甚至比他们的位置还要高些，因为销售人员是在帮助顾客解决问题，所以根本没必要在顾客面前卑躬屈膝、低三下四。过于谦卑的做法只会让顾客不信任你，因为你连自己都看不起，别人又怎么会看得起你呢？换句话说，只有看得起自己，顾客才会信赖你。

尊敬顾客是理所应当的，每个人都应该得到应有的尊重。但是在顾客面前过于谦卑，甚至唯唯诺诺，就有失做人的原则了。而且这样做根本就不会赢得顾客的好感，反而会让顾客大失所望，因为你对自己都没有信心，别人又怎么可能对你销售的产品有信心呢?

有一名电器促销人员向一位顾客推销新上市的波轮洗衣机，其间不断恭维对方，这让那位顾客紧蹙眉头，最后带着反感的神情离开了。

销售经理一直在一旁看着，顾客离去后，他来到这名销售人员跟前说："这款洗衣机质量不错，推销出去不是问题。你用不着这样讨好对方，你推销的是你的产品，而不是要求别人的施舍。你这样子，顾客不会信任你，也自然不会买你的东西。"

确实，过于谦卑的态度很难获得别人的信任，同时，也拉低了自己的人格。作为一名刚刚跨入销售门槛的销售新人，不管面对什么样的顾客，都不要认为销售是一种"跌份"的工作。正确的做法是：保持不卑不亢的态度，至少应该与顾客平等相待，只有这样，才能从根本上赢得顾客。

推销是一项挺考验推销人员心理素质的工作，从寻找顾客开始，直至达成交易获取定单，不仅要周密计划，细致安排，而且还要有与顾客进行重重心理交锋的超强心理素质。

魏峰从贸易大学毕业后，进入一家奶业公司做推销员，负责把公司生产的有机奶推销给小区奶站。魏峰信心满满地跑小区奶站联系业务。然而，现实与他事先想的情形截然相反，他原本认为小区奶站的人会很热情地招待他，没想到一听说是推销产品的，奶站的工作人员都很快就换上一副冷淡的表情，对魏峰的问话也爱搭不理。

魏峰刚开始以为遇到的只是个例，就没有放在心上，但是他一连跑了十几天，发现情形差不多，很少有人对他热情，有的还嗤之以鼻。他开始对自己所从事的职业产生了犹疑："看来这是个很难获得人尊重的行业，我一个堂堂的贸易大学的大学生，凭什么要干这种让人没面子的工作？干脆撤了吧！"

魏峰把辞职的想法跟销售经理说过后，销售经理纠正了他的错误想法："推销工作很复杂，很有挑战性，遭遇挫折是很正常的事，关键是你的心态不对，销售工作绝不是让人很没面子的工作，同其他行业一样，也是可以让人获得尊重感、成就感的工作，一定不要看轻销售工作，也一定不要看轻自己……只要坚持下来，肯定会有所成的。"

魏峰认真想了想，觉得经理的话有道理，于是咬牙坚持了下来。在与奶站工作人员的接触中，魏峰真诚但不卑不亢的态度逐渐取得了奶站人员的信任，同意售卖魏峰推销的有机奶。两年以后，几百个小区的奶站都摆上了魏峰推销的有机奶。

对于销售人员来说，不管是高层的销售经理，还是底层的业务代表，其所从事的销售工作，都是有着深刻意义的，因此也不存在尊卑的差别，各有所需，各有所用。

总之，要摒弃那种做销售工作丢人、没面子的错误想法，认识到它只不过是一种职业而已，更不要因此而看轻自己。不自信是无法做好销售工作的，只有放下自己的架子和面子，摆脱虚荣心理的束缚，信心满满地全身心投入到工作中去，才能赢得顾客的信赖，取得成就。

像展示商品一样展示自己

众所周知，有很多因素可以影响顾客的购买心理。很多时候，商品的品牌和质量并不是顾客优先考虑的因素，只要顾客从内心接受了销售人员，对其产生好感和信任，就会更倾向于购买他所推荐的商品。一项市场问卷调查证明了这一现象，调查发现约有70%的顾客之所以从某销售人员那里购买商品，最主要的原因就是他们喜欢并且相信那个销售员。

这一结果表明，如果顾客对销售人员产生了好感，对其表示接受和信赖，自然就会更倾向于接受他的产品。相反，如果这种接受、信任的关系没有建立起来，那么则很难让顾客主动去购买对方所推荐的产品。

乔·吉拉德是世界上最伟大的销售员之一，他曾说过这样一句话："推销的要点是：你不是在推销商品，而是在推销你自己。"为了阐释这一观点，他还专门撰写了一部名为《怎样销售你自己》的著作。

销售人员、顾客以及商品三方面要素共同构成了销售活动。顾客要购买商品，而销售人员则是连接顾客和商品的桥梁。顾客通过销售人员的介绍，获得了对商品信息的更多了解，并在此基础上，做出买还是不买的决定。

在这个过程中，虽然顾客是抱着购买商品的目的来的，但是顾客最先接触到的却是销售人员。如果销售人员礼貌、热情，顾客就会对其产生好感，在此基础上很有可能进而接受其推销的产品；相反，如果销售人员态度冷淡，对询问爱搭不理，服务不到位，顾客就会很生气、很厌恶，即使其推销的产品符合自己的预期心理，顾客也极有可能会转身就走，可见，销售成功与否，与销售人员有着非常紧密的关系。

正由于此，销售活动才强调推销产品之前，首先要学会向顾客推销你自己。所谓对顾客推销你自己，就是让他们喜欢你、相信你、尊重你并且愿意接受你。换句话说，就是你要给顾客留下好印象，让他们对你产生好感。

可以做这样的比喻：销售人员就像是一件特殊的商品，有的彬彬有礼、态度真诚、服务周到，这样的商品自然会获得顾客的青睐和喜欢；而有的懒懒散散、粗俗鲁莽、傲慢冷淡、行为猥琐，这样的商品自然会让顾客讨厌，甚至避而远之。

销售是一种动态过程，可以看作是销售人员与顾客之间的一种交往活动。既然是交往，只有彼此之间产生好感，相互接受，才有可能让交往继续愉快地进行下去，并建立起比较稳定的关系。

对销售人员来讲，只有让顾客首先接受了自己，才会进而接受自己所推销的产品。因此，销售人员在销售产品时，首先要让顾客能够接受自己，对自己产生信任。如果顾客对销售人员没有好感，对其不信任，那么即使商品再好，他们也极有可能不会购买的。因此，让顾客接受自己，是销售人员的销售活动的第一要务。

有一个保险销售员，在他最初从事这一行业的时候，每次出去拜访顾客，推销各式各样的保险品种时，尽管他很用心，也很努力，但总是遭到各种挫折，这让他有些灰心丧气。

于是，这个销售员开始思考，想弄清楚到底是什么原因导致自己屡遭失败，为什么顾客总是不能接受自己……他最先考虑是不是自己的产品有什么问题，但经过认真仔细的思考后，他排除了这种可能。既然问题不在产品身上，那么就应该出在自己身上。他仔细想了想自身可能存在的问题，但还是感到有些迷茫。

为了避免当局者迷，他邀请自己的朋友和同事聚会。聚会上，他真诚地让大家来评价一下自己，特别要指出自己的不足，促进自己改进。

由于聚会的人都是平时关系很好的朋友和同事，所以大家都不客气地指出这个销售员的诸多不足。比如：性情不够沉稳，遇事好急躁；专业知识不扎实，很多东西解释不够透彻；与人沟通时好自以为是，听不进去对方的意见；做事粗心大意，常常忽略小细节问题；缺乏一定的坚持精神，容易半途而废，等等。

这个销售员听到这样的评论，不禁感到很惭愧，他没想到原来自己有这么多的毛病，怪不得顾客不喜欢自己。弄清楚问题后，他决心一一改正。而且他欢迎朋友和同事继续挑他的毛病，以保证自己毛病越来越少，好让顾客越来越喜欢自己。

问题的症结还真的在这里，从他有意改掉自己身上的坏毛病以来，逐渐受到了顾客的喜欢和认可，他签的保险单子越来越多，并且与很多顾客成了朋友。

诚如上面所说，在销售活动中，销售人员就如同一件特殊的商品，并且和自己所销售的商品同等重要，甚至有的时候，比销售的商品还要重要。这种情况下，就要把自己包装好，让顾客喜欢，让顾客接受，顾客才有可能购买你的产品。

你的形象会影响到顾客对商品的印象

心理学中有一种心理效应叫作“首因效应”，即人与人第一次交往中给人留下的印象在对方的头脑中形成并占据着主导地位的一种反应，也就是我们常说的“第一印象”。

在前面的论述中，我们已经知道能否给顾客留下一个好的第一印象，很大程度上影响着顾客是否会接受并购买你的产品。而要想给顾客留下一个好印象，一个好的形象必不可少。

一个衣着不整的销售员到一家商场推销绿豆糕。商场经理与他谈了一会儿，就将他支走了。这个销售员走后，经理对同事说：“我看他的样子就反感，邋邋遢遢的成什么样子，能推荐什么好商品。”

以后，这个销售员多次试图向这家商场推销商品，经理都再也没见他，尽管他的衣着已经变整洁了。

由此可以看出，销售人员的形象有多重要。销售人员应该永远记住这样一句话："形象就是自己的名片。"作为一个销售人员，如果你穿着得体，举止优雅，言语礼貌，对方就会对你有好印象，认为你是个有修养、懂礼仪的人，从而愿意和你交往。

但是，如果你穿着怪异、态度无力、言语粗俗，对方就会认为你是个没有修养、不求上进的人，从而对你没有好印象，不愿意和你接触，即使你下次改正了，也难以重新获得对方的好感，这就是首因效应的作用。

简单来说，销售员良好的形象会使顾客心生好感且久久难忘，并在此基础上爱屋及乌，对该销售员所推荐的产品有好印象；反之，如果顾客对你的形象印象不好，即使你的产品再好，也会把对你的厌恶牵扯到商品上。

需要注意的是，形象不仅仅指人的衣着、外貌，还包括谈吐、姿势、面部表情等"外部特征"。在销售活动中，顾客往往会通过销售人员的衣着、谈吐、体态、面部表情等这些外部特征，来对其做出最基本的判断和评价。

温冬大学毕业后，被招进一家销售公司，工作是推销各种防盗门窗。正式上岗的第一周，经理就交给他一个很重要的任务，让他到一个顾客的家里推销防盗门。在此之前已经有3位很有经验的销售人员去推销过，但都以失败而告终。

温冬有些紧张，心想有经验的销售员都没成功，自己刚刚入行，没有经验，不敢奢望成功，但是还要试一试。半小时后，他战战兢兢地摁响了这个顾客家的门铃。一位中年妇女打开门，听他结结巴巴地做完自我介绍后，请他进了屋。

温冬很紧张地将产品情况如实地跟顾客讲了一通。但出人意料的是那位妇女却当场在合同上签了字，买下了价值2万元的防盗门。

在这之前，3位有着丰富经验的销售员都无功而返，而且他们的价钱都比温冬开的低，为什么温冬却成功做成了这笔交易。温冬很疑惑，面对温冬疑惑的神情，那位妇女说："你敦厚的样子让我放心，我相信你推销的商品如同你一样敦厚、安全。”

事情很清楚了，正是温冬那副敦厚、坦诚的样子赢得了这位妇女的认可，她愿意购买温冬推荐的产品，尽管他的产品比其他人的产品价格稍高。

心理学研究发现，与一个人初次会面，45秒钟内就能形成第一印象，而且这最初的印象能够在对方的头脑中形成并占据主导地位。销售人员一旦给顾客留下不好的印象，就很难再纠正过来，因为很少有人会愿意花更多的时间去了解、证实一个留给他不美好的第一印象的人。人们都愿意去接触那些给自己留下好印象的人，尽管有些时候，这种印象不一定完全准确，但人们却有意无意地默认这种感觉，这也就是所谓的“先入为主”的作用。

很多有经验的销售人员都懂得利用这种效应，展示给顾客一种比较好的形象，为下一步的销售工作打下良好的基础。

通常，在与顾客的接触中，销售人员需要在以下几方面注意自己的形象：

（1）衣着服饰

与顾客见面后，首先映入顾客眼帘的是你的衣着服饰。因此，你首先要重视自己的衣着服饰。一位外表整洁的销售人员是引起顾客购买欲的先决条件。据美国一项调查表明，80%的顾客对销售人员的不良外表持反感态度。

服饰对销售人员而言，可以说是销售商品的包装纸。包装纸如果粗糙，里面的商品再好，也会容易被人误解为是低价值的东西。因此，只要你决定投入销售行业，就必须对仪表服饰给以投资，这种投资绝对是合算的。

销售人员的着装要符合个人的性别、年龄、身份、气质、环境、风俗习惯等，不要赶时髦和佩戴过多的饰物。如果穿戴过于引起别人注意的服饰，反而会使人觉得你本人无足轻重，招致相反效果。

（2）言谈举止

销售人员的言谈举止要落落大方、合适得体。虽然没有一个统一的模式供参考，但一些很明显的错误的言谈举止却是一定要避免的，比如：不要说话速度太快、吐字不清、语言粗俗；不要批评、挖苦、吹牛、撒谎；不要油腔滑调、沉默寡言；不要声音粗哑、有气无力、说话不冷不热；不要挖耳搔头、耸肩、吐舌、咬指甲、舔嘴唇、脚不住地抖动；不要与顾客勾肩搭背、东张西望、慌慌张张；不要不停地看表、皮笑肉不笑等。

（3）礼仪

礼仪是销售活动中非常重要的一环。销售人员不懂礼仪，往往会无形中影响交谈的效果。顾客是聪明的，他们倾向于到值得信赖、礼仪端正的卖家去购买商品。

销售人员要讲求礼仪的基本原则是：诚恳、热情、友好、谦虚。围绕这几个基本点去处理事情，就会收到预期的效果。反之，就收不到好的效果。

总之，在销售活动中，销售人员要注重发挥自己良好形象给顾客的影响，努力争取让良好的形象给顾客留下好的第一印象，以促进交易向良好的方向发展。

你的诚信会让你走得更远、更稳健

诚信是诚实、守信的浓缩，是做人的基本准则。对销售来讲，诚信又是销售人员要恪守的重要职业道德，在销售工作中产生着非常重要的影响力。可以说，没有诚信，就没有长久的交易，从这个角度上讲，向顾客销售产品，就是在向顾客推销你的诚信。

据美国纽约销售联谊会统计：70%的人之所以从某一个固定处购买产品，是因为他们喜欢、信任和尊敬某个销售员。因此，要想使交易成功，诚信不但是最好的策略，而且是唯一的策略。

“赫克金法则”源于美国营销专家赫克金的一句名言：“要当一名好的销售员，首先要做一个好人。”这也是强调了营销中要讲究诚信。

美国一项针对销售人员的调查表明，优秀销售人员的业绩是普通销售人员业绩的300倍的真正原因与长相无关，与年龄无关，也和性格内向、外向无关，而与诚信有关。简单说，要想使顾客接受你，想让自己的销售业绩好，就要做一个诚实守信的人。

销售做得好的人必定是讲究诚信的人，在销售活动中，他们实事求是，言必信、行必果，以信用为先，以品行为本，从而获得顾客信赖，并放心地与他们做交易。

日本山一证券公司的创始人小池出身贫寒，20岁时他在一家机械公司谋到一份推销员的工作。曾经有一段时间，他推销机器非常顺利，不到半个月的时间就与33位客户达成了协议。但是合同签订之后，他发现公司出售的机器比其他公司生产的同样性能的机器价格贵了很多。他想，跟他订货的客户如果知道了，一定会对他的信用产生怀疑。于是，深感不安的他立即带上订货单、合同书以及定金，整整用了三天的时间逐个拜访客户，然后非常诚恳地向顾客说明他推销的机器比其他公司的贵，可以解除合约。

这种诚实的做法使所有的顾客都深受感动，结果33位顾客中没有一人毁约，相反，他们加深了对小池的信赖和敬佩。消息不胫而走，从那以后，人们都知道小池非常诚实，纷纷向他订购机器。

诚实不但使小池财源广进，而且还让他与客户建立起牢固的互信关系，促进他的推销工作顺畅长久地进行下去。

在当今竞争日趋激烈的市场条件下，信誉已成为竞争制胜的极其重要的条件和手段。唯有讲究诚信，赢得自己顾客的信赖，才能让自己的销售之路走得稳、走得远。谁损害或葬送了信誉，谁就要被顾客所抛弃，被市场所淘汰。

林肯曾经说过：一个人可能在所有的时间欺骗某些人，也可能在某些时间欺骗所有的人，但不可能在所有的时间欺骗所有的人。这个道理同样适用于销售行业，适用于销售人员。在一个信息传播日益迅速的市场环境下，销售人员不讲究诚信的行为是很容易被看破的，即便偶尔获得了成功，这种成功也是相当短暂的。要想赢得顾客的信赖，让自己的销售之路走得远，诚信才是永久的、唯一切实可行的办法。

美国销售专家齐格拉对不讲究诚信的销售人员将会遭遇到什么进行了深入分析，他得到的结论是：一个能说会道却心术不正的人，能够说得许多顾客以高价购买劣质甚至无用的产品，但由此产生的却是三个方面的损失：一是顾客损失了钱，也多少丧失了对销售人员的信任感；销售人员不但损失了自重精神，还可能因这笔一时的收益而失去了成功的推销生涯；对整个行业来说，损失的是声望和公众的信赖。

那么，在销售活动中，销售人员如何表现自己的诚信呢？可参考下面所列出的几方面：

（1）不做夸张虚假的宣传

有些推销员把自己推销的产品夸赞的好得没边，歪曲了事实。显然，这种做法是不可取的，有百害而无一利。

（2）避免说自相矛盾的话

这一点很重要，也许你讲话过快，以至于中心意思不够突出，或者你表达能力较差，无法有序表达自己的观点，致使你前后所说的话相互矛盾，让顾客糊涂，这样就会影响你的信誉。顾客不相信你的介绍，自然就不会买你的产品。

解决的办法是耐心等待，直到自己的声带与大脑完全合拍，这样再开口介绍则基本不会出现任何问题了。

（3）表现出宽容

对顾客的不适当批评和指责要解释，但态度不能生硬、过激。要摆事实，讲道理，说真话，但要避免使对方感到困窘。

（4）不为他人做托

作为销售人员，会经常遇到别人要求你为他说谎，或为他掩饰实情。但是请你记住，对此要坚决予以拒绝，因为这会毁掉你长期积累起来的信誉。一个诚信的销售员是不会要求别人替自己说谎的，而你也应该如此。

“君子以信为大宝也。”没有诚信，就没有长久的生意。因此，要想使自己的销售之路走得长远、走得稳健，就不能丢弃诚信这个为人处世的法宝。

在语气中把你的真诚体现出来

通过前面的论述，我们已经知道诚信在销售沟通中会发挥巨大影响和作用。要想让顾客感受到你的真诚，一个不容忽视的方面就是你说话时的语气。事实证明，从说话语气中流露出的真诚能够获得顾客的认同和好感，从而使顾客愿意和你进行进一步的接触。

因此，销售人员要在与顾客的交流沟通中通过语气将自己的真诚体现出来，以获得顾客的认同和好感。那么，该如何通过自己的语气将自己的真诚表现出来呢？可以从以下两个方面开始学习和修炼。

如果是面对面地和顾客交流，可以利用面部表情和眼神来辅助语气发挥作用。

首先，交流时要面带微笑，微笑有特殊的作用，可以在极短的时间内打通陌生人之间的情感通道，是人际交往的润滑剂。在销售活动中，很多时候，销售人员面对的是陌生的顾客，如果在与之交流时，销售人员表情僵硬，甚至冰冷漠视，缺乏亲切的微笑，那么无论你的语言有多动听，顾客也会因为你僵硬、冷漠的表情而与你心存隔阂，感受不到你的真诚。所以在与顾客交流时，你的脸上一定要带着真诚、温和的微笑。

其次，要借助眼神的辅助作用。在与顾客交流时，你要学会用眼神表达你的诚意，这也是辅助语气表现自己真诚的一种方式。作为销售员，你很可能会遇到这样的情况：你非常真诚地去和顾客交流，但是对方的脸上还是流露出不信任的神情。此时，你该怎么办呢？一方面你要注意一下自己说话的语气，另一方面就是要注意自己的眼神。面对顾客时，要尽可能地让顾客看到你的眼睛，把真诚通过你的眼神传达给顾客。

如果不是与顾客面对面地交流，而是通过电话与顾客交流，这种情况下，没有了表情和眼神的辅助作用，语气的表现就尤其重要了。那么，在语气上应该注意什么呢？

（1）语气不要生硬

在电话销售中，给顾客传达信息的唯一方式就是你的语言，此时语气的好坏对销售的成功起着决定性作用。因为对方看不到你的表情、眼神以及其他肢体语言，只能从你的语言尤其是语气中了解你、认识你。如果你的语气很生硬，对方很可能觉得你没有亲和力，不够真诚，从而不愿意与你打交道。

就顾客而言，他们常常会不自觉地抬高姿态，他们喜欢销售员以低姿态和他们交流，如果销售员的语气过于生硬，他们的这种心理就得不到满足，因此他们也可能会认为销售员并不是诚心想要和他们做交易而拒绝进一步交谈。因此，销售员在通过电话与对方交流时，切忌语气生硬，而应保持柔和，这样的语气会显得真诚一些，顾客听了也会觉得舒服。

（2）语气不要过于夸张

一般来说，语气夸张的人通常会给人一种不可信任的感觉，在销售时更是如此。可能在平时说话时你习惯用夸张的方式来吸引别人的注意，但是在和顾客电话沟通的时候，一定切记不要使用这种方式。因为你的顾客并不了解你或者根本不认识你，如果交谈时你说话的语气太过夸张很可能给他们留下不好的印象，他们会因此怀疑你的诚意。

（3）语气要流露出赞赏

赞美的语言最能赢得人心，相信没有谁会拒绝一个真心夸赞他的人，而且你的夸赞会让顾客觉得你很用心地了解他们，可能会让他们有一种自我满足感，从而感受到你的直诚，并愿意跟你合作。

总之，无论是与顾客面对面地交流，还是通过电话进行交流，都要努力使自己的语气平和、谦逊，表露出真诚，再配以柔和、诚恳的面部表情和眼神，最终使顾客感受到你的真诚，为销售成功打下良好的基础。

展示出你的才华给顾客看

才华是一种吸引人的资源，诸多的事实证明，在销售活动中，那些有能力、有素质，业务技能娴熟的销售人员，往往会受到顾客的欢迎和喜欢。而那些只会僵硬、空洞地说教，没有任何特长的销售人员，对顾客的影响力则很弱，很难让顾客对其及其推销的产品产生兴趣。可想而知，这一类销售人员的销售业绩是不会好到哪里去的。

于鑫在一家文化用品公司上班，最初主要负责推销学生用的语言复读机。一次，他在电话里向一所学校的负责人推销公司新进的多功能语言复读机。尽管他把自己推销的产品介绍得如何出色、如何有实效性，但是说了半天，却丝毫没有打动这位负责人。

于鑫自然不甘心就这样放弃，但电话那头显然已经失去了继续听下去的兴趣。他对于鑫说："我们的小学生都非常爱看动画片，如果你能用动画片里的配音把产品介绍一下，我们就会购买你们的复读机。"听完这话，于鑫一下子蒙了，平时看动画片的时候都很少，哪儿会学说动画片里配音呢？这不是强人所难吗？

电话那头见这边没有了动静，接着说道："就这样吧，等你会说了，再联系吧！"说完把电话挂断了。

于鑫愣了一会儿，转而想到，自己推销的是小学生使用的多功能复读机，其中有一项功能是原音再现，与这位负责人要求自己学说动画片里的配音有类似的地方。从这个角度上讲，如果自己根本没有这方面的才能，确实很难打动顾客，让顾客购买自己的产品。想到这里，于鑫决定按照那位负责人的要求，学会动画片里的配音，然后再联系那位负责人。

于鑫买了一套当下孩子们非常爱看的《熊出没》的动画片从头到尾看了起来，很快他就发现这部动画片里的熊二声音独特，而且行为搞笑，肯定是孩子们爱看、爱模仿的对象。于是他决定模仿熊二的配音，经过认真揣摩和用心模仿，于鑫不但学会了熊二的配音，而且还学会了熊二的一套动作。

一个月后，于鑫再一次联系了那位负责人，这回他没有在电话里推销，而是要求和这位负责人在学校见面洽谈。那位负责人同意了这个要求。于是，于鑫带着样品，来到了学校。一见面，于鑫没有推销产品，而是先给这位负责人表演了自己学习的成果。

惟妙惟肖的表演震惊了这位负责人，他由衷地赞叹道："你真棒，我很佩服你。"最后，这位负责人心甘情愿地跟于鑫签订了一笔订购50台复读机的订单，而且还与于鑫建立起了长久的合作关系，经常主动帮助于鑫推销产品。

显然，于鑫之所以能推销成功，与他的表演有着密不可分的关系，是他的才华打动了顾客，取得了顾客的信赖，最终让顾客在订单上签了字。

销售人员推销产品，就像是在舞台上针对顾客所做的一场表演，要想打动顾客，取得顾客的信赖，就要表演得精彩，把自己的才华和魅力充分地展现出来。只有你表演得精彩，顾客才有可能真心欣赏，才会让顾客相信你确有真才实学，也才会愿意与你做生意。

所以，平日里，销售人员要不断地提高自身的学识和修养，让自己充实起来，最起码应该熟练地掌握自己最基本的业务，不致于在顾客面前显得外行。如果你知识渊博、满腹经纶，对什么都能说得头头是道，那么不仅可以找到与顾客的共同语言，还能够用自己的才华来征服顾客，让顾客对你心悦诚服，那么销售产品也就成了水到渠成的事情了。如果你水平一般，知识欠缺，甚至对自己推销的产品或者业务都不熟悉，那么怎么可能让顾客信服。因此，销售人员在顾客面前一定要表现得很博学、很优秀，才能赢得顾客的信赖。

当然，这里说的才华不是毫无意义的夸夸其谈，而是指真才实学，这样才能禁得住考验。如果只是表面上说得富丽堂皇、天花乱坠，却没有真才实学，一旦被顾客看出破绽，便会无以应对，最后只能以尴尬收场，更不要指望能成功推销产品了。

过硬的业务水准和高超的职业技能是一名优秀的销售人员必须具备的素质。销售人员一定要明白，没有哪一位顾客会喜欢与眼高手低腹中空的没有才华的销售人员接触。没有才华，也就没有了吸引顾客的资本，充其量也就只能做一个普通的销售人员，不要奢望能获得广大顾客的欢迎和认可。

才华是一种宝贵的财富，能够增加销售人员自身的魅力。一个有才华、有能力的销售人员更有机会获得顾客的敬佩和喜欢。要想达到这一点，大体来说，销售员可以从以下三个方面来努力：

（1）具备相关专业知识

销售人员要对自己的公司、自己销售的产品有充分的了解和深入的掌握，这是取信顾客的重要前提条件。平时可通过各种途径不断地学习与提高，充分掌握关于自己公司与产品的所有知识，做到能以一个专家身份向顾客介绍公司以及自己推销的产品。

（2）多了解本行业发展动态

销售人员还要多多关注及了解本行业的发展动态，及时掌握最新的行业信息，找准产品的优势及卖点。这样在推销的时候，就能够恰到好处、重点突出地推销。

（3）掌握专业外的才华和技能

在具备相关专业知识、技能外，销售人员最好还要拥有其他一些才华和技能，这样才能更好地与顾客相融，打开话题，取得顾客的信赖，为后续的销售铺垫良好的基础。

总之，销售人员只有不断地提高自己的业务水平，增加自身的内涵，并善于表现自己，才能更有机会、更大程度地获得顾客的欢迎和认可，增大成功交易的几率。

第二章
销售人员应具备的心理素质

顾客形形色色、千差万别，其心态和想法更是多种多样，有些想法甚至匪夷所思，令人捉摸不透。这就要求销售人员要有超强的心理素质，见惯风雨，处变不惊，做到兵来将挡，水来土掩。只有这样，才能更好地应对各种顾客，并在此基础上取得顾客的信赖，为后续的交易打下良好的基础。

掌控自己的情绪，做情绪的主人

现今，我们的社会正处于高速发展的阶段，人们面对的是快节奏的生活、高负荷的工作和复杂的人际关系。这种情况下，就要有一种很强的掌控自己情绪的能力，才能更好地适应社会，顺应时代发展的要求。

事实证明，一个人最后在社会上占据什么位置，很大程度上取决于自己控制情绪的能力。对于销售人员来讲，在销售的过程中，很多时候，让交易失败的不是你的能力，而是没有在关键时刻控制好自己的情绪。如：面对很难缠的顾客，你失去了耐心，说了一些不该说的话，最后破坏了局面，搞砸了交易；面对顾客的不当诘问，你没有控制住脾气，跟顾客针锋相对地吵了起来，交易自然就泡了汤。

有一个做广告生意的老板，由于一切都很顺利，他的心情总是很好，而且对事物总是持有乐观的看法。因此，身边的人都非常喜欢他，他的生意也越做越大，身边的追随者也越来越多。

有一次，一位老同学问他近况如何，他说："我现在状态很好，非常喜欢我的工作。"事实的确如此，每当身边的人因为工作心情不好，他总是告诉对方乐观地去看待一切，找到解决问题的方法。

那么，他是如何做到这一点的呢？有人向他取经，他丝毫没有保留，给出了这样的回答：

"每天早上我一醒来就对自己说，你今天有两种选择，你可以选择心情愉快，也可以选择心情不好。我选择的是心情愉快。

"每次有人跑到我面前诉苦或抱怨，我可以选择接受他们的抱怨，也可以选择指出事情积极的一面。我选择的是后者。

“每次有坏事发生时，我可以选择成为一个受害者，也可以选择从中学些东西。我选择从中学习。”

心态是由“意识、观念、目标、情感”等主观因素组成的，销售人员要做到把自己的心态调整到一个合适的位置，把消极的心态转换成积极的心态，并且努力保持这种最佳的状态。这样才有利于掌控自己的情绪，做自己情绪的主人。相反，如果以消极的心态去面对事情，就不利于掌控自己的情绪，反而可能会被自己的情绪所左右。

一个乐观的人，一个积极面对一切的人，一个成为自己情绪主人的人，无论遇到什么事情，面对多大的困难，他都能乐观地处理。成功学家安东尼·罗宾斯认为：“成功的秘诀就在于懂得怎样控制痛苦与快乐这股力量，而不为这股力量所反制。如果你能做到这点，就能掌握住自己的人生，反之，你的人生就无法掌握。”

麦当劳创始人雷蒙·克罗克说：“我学会了如何不被难题压垮，我不愿意同时为两件事情操心，也不让某个难题（不管多么重要）影响到我的睡眠。因为，我很清楚，如果我不这样做，就无法保持敏捷的思维和清醒的头脑以对付第二天早晨的顾客。”

销售行业竞争激烈，每天面对的是常人难以想象的挑战。为此，销售人员要学会调节自己的情绪，保持乐观的工作态度，才能不被沉重的工作压力击垮，并进而做出好成绩。

那么，当销售遇到困难时，应如何消除障碍性因素，保持良好的心态顺利地开展销售呢？可参考下面的做法：

（1）学会驾驭自己的情感

有些销售人员对工作中的一般性问题，都能理智、客观地处理，但不免有冲动、感情用事的时候。为此，不妨在日常工作中注意修炼自己的情绪与情感掌控能力，从而成为情绪的主人。

（2）正确评价身边的人和事

销售工作中遇到问题的时候，情绪化的做法往往会把关系搞砸、把事情弄僵。为此，我们要学会全面观察问题，从多个角度、多种观点审视身边的人和事，避免偏激，这样往往会让我们获得不同的感受和判断。

（3）将不良情绪发泄出去

情绪不好却闷着不说，会把一个人折磨坏的。因此，结束销售工作以后，找身边的朋友或知心人倾诉一下，或者到外面放松一下心情，将不良情绪发泄出去，有利于我们以更佳的状态面对明天。

上天的公平并不是表现在所有人都一样的面孔、一样的生活，而是要你以一种损失去换回另一种拥有。所以不要过多抱怨，要对不同的想法、不同的活法、不同的表现方式予以宽容。你掌控情绪的能力很大程度上决定了你的生活质量、你的发展。所以，你要努力掌控好自己的情绪，做自己情绪的主人。

以自信的心态面对顾客

诸多的事实表明，销售人员具有积极的心态，有利于激发顾客采取购买行为。而积极心态的主要来源之一便是信心，销售人员只有对自己充满信心，对自己所在公司和所销售的产品信心十足，才会在销售工作中积极地争取、执着地奋斗、勇敢地面对，充满无尽的激情和动力，这就是信心的力量。

对销售人员来讲，所谓自信就是相信自己的长处，相信自己的优势，相信自己比较稳定的优良品质，相信自己成功的经验，相信自己通过努力可将潜能发掘出来，相信自己通过综合优势的发挥能把握住成功的时机，从而达到预定的推销目的。

自信是成功销售出商品的第一秘诀。相信自己能够取得成功，这是销售员售出自己商品的先决条件。世界上最伟大的销售员乔·吉拉德说：“信心是推销胜利的法宝。”乔·坎多尔弗说：“在推销过程的每一个环节上，自信心都是必要的成分。”因此，培养坚定的自信心，是销售人员迈向成功的第一步。

下面是关于自信的乔·吉拉德的故事：

早年由于事业失败，乔·吉拉德负债累累，更糟糕的是，家里一点食物也没有，更别提供养家人了。

他拜访了底特律一家汽车经销商，要求得到一份销售的工作。经理见吉拉德貌不惊人，并没打算留下他。

乔·吉拉德说：“经理先生，假如你不雇用我，你将犯下一生中最大的错误！我不要有暖气的房间，我只要一张桌子，一部电话，两个月内我将打破你最佳销售人员的纪录，就这么约定。”

经过艰苦的努力，在两个月内，乔·吉拉德真正做到了，他打破了该公司销售业绩纪录。

乔·吉拉德的自信让他赢得了工作的机会，也赢来了成功的机会。可以试想一下，如果没有这份自信，乔·吉拉德可能依旧潦倒下去，也自然没有机会成为世界上最伟大的销售员。

要使自己成为一名合格的、卓有成效的销售员，就要努力做到：相信自己能够胜任推销工作，相信自己能够说服顾客购买商品，相信自己能够战胜推销活动中的各种困难，无论顺境还是逆境始终对推销事业充满必胜的信心。

那么，如何做到让自己充满信心，并以这种积极的心态面对顾客呢？可从以下几个方面进行练习或加强：

（1）全面而深入地了解自己

销售人员培养自信心首先要全面而深入地了解自己的各个方面，包括个性、兴趣、特长、知识水平、实际能力、价值观念及以往的成功经验和失败教训等。然后，对自己的各个方面进行分析、比较、判断，弄清自己的长处和短处、优势和弱势、稳定因素和非稳定因素、现实方面和潜在方面等等，并将这些方面同自己的推销工作联系起来综合考虑、全面衡量，做出正确、客观的自我评价。在此基础上，可通过“扬长避短”来培养自己的自信心。

（2）克服自卑和怕麻烦的心理

缺乏自信的销售员，要么是自卑心理很重，认为自己这不行那不行，甚至觉得自己不是做推销工作的“料”；要么就是有怕麻烦心理，凡事“怕”字当头，怕推销干不好，怕顾客拒绝，怕商品卖不出去，怕受到顾客冷遇。这种自卑意识和怕麻烦心理使销售员下意识逃避困难和挫折，不能发挥出自己的能力，最终造成了推销成功与失败的巨大差异。

做推销工作，挫折与失败是难免的，向顾客推销商品，碰钉子也是常有的事，如果因惧怕遭到失败和挫折，就停滞不前，那么何时能成功，何时能成为一个优秀的销售人员。解决的办法只有一个，那就是抛开那些不必要的顾虑，克服自卑和怕麻烦的心理，树立“我能行”的超强自信心。

（3）合适得体的形象

如果你衣着整齐，挺胸昂首，笑容可掬，礼貌周到，你就会油然产生一种自信。带着这种自信去见你的顾客，就容易使顾客对你产生好感。而这种好感又会反过来增强你的自信。

（4）练就坚强的意志

调查表明，销售人员推销时，通常要面对50次以上的“不需要”“没预算”“不喜欢”“太贵”等的拒绝，才会产生一个准顾客，你若是没有坚强的意志，是很容易被击垮的。

面对顾客的种种冷遇和拒绝，销售人员一定要沉住气，抱着“不管什么情况，一定会成功”的自信，才有可能扭转不利局面，坚持到最后的成功。因为毕竟多数顾客都喜欢和有自信的销售员打交道，而不愿意与毫无自信的销售人员打交道。

自信是支持销售人员走向成功的强大法宝，无论在什么时候，遇到什么事情，销售员都要以饱满的自信面对顾客。因为唯有这样，才能让你的顾客真心接受你、赏识你，并愿意与你打交道、做生意。

忍让又不失原则更能打动顾客

很多销售新人都有过这样的遭遇：方才还与上一位顾客热情地交谈，此刻却吃了下一位顾客的“闭门羹”，或者受到了无端的指责，这一冷一热，着实有些让人受不了，心绪难免上下起伏。不论是谁，当访问遭到拒绝，或者受到无端的指责时，心里一定很郁闷，为了发泄心中的不快，有时难免发几句牢骚，甚至气愤地大骂，严重者甚至摔打东西发泄。

显然，这样的行为虽然可以理解，但却是不对的，因为它不但解决不了问题，反而会使事情向更糟糕的方向发展，情况严重者，可能会因此断送自己的销售生涯。所以，如果你不想提前终结自己的销售事业，那么你就要想方设法调整自己的状态，避免这种极端的情况出现。

如何才能做到这一点呢？有效的方法之一就是加强自控、忍让的能力。

王佳是一名品牌电脑的终端销售人员，刚入行的时候，他也和同行们一样，只要一遇到那些喜欢“挑刺”的顾客就会头疼不已，一时气急甚至有打人的冲动。

顾客离去后，王佳往往会生气地咒骂刚离去的难缠顾客。然而他很快便发现，那些顾客似乎听到了他的咒骂，从此再也没有光顾过。显然，必须改变这种状况了。

一天，王佳又遇到了一位让他难堪的顾客。当这位中年男子朝着柜台走来，王佳赶紧迎上去。交谈了几句，对方就很不友好地说：“你们的电脑没有×××品牌好，我朋友就买了你们的品牌，结果还没用多久，就有毛病了。”

听到这里，王佳心中自然不爽，不觉默默地想："那你干脆去买×××品牌好了。"紧接着，他被自己这种想法吓了一跳，幸亏自己没把这话说出口，否则别说成交没希望，还很可能遭到顾客的投诉。

转念一想，其实顾客能走过来，说明他对公司的产品是有兴趣的，说这些刁难的话，很有可能是试探自己的，既然这样，那又何必在乎顾客的恶言恶语呢，毕竟签下订单才是工作的重中之重。

于是，王佳渐渐放下了对顾客的不满情绪，微笑着说："您朋友的电脑出现了问题，我们深感抱歉，这是我们的售后服务电话，可以转交给您的朋友，打完电话后工作人员会在24小时内帮助解决问题。"说着，他递给顾客一张售后服务卡，"如果您的朋友比较着急，可以把住址告诉我，我可以马上打电话，让服务人员上门维修。"

顾客接过售后服务卡，脸色和缓了许多，毕竟王佳自始至终的态度都很和善，他也没有理由一直板着脸。

聪明的王佳很敏锐地捕捉到了顾客脸上的变化，于是便自然而然地转到了产品介绍上。最后，经过一番攻伐，他顺利拿下了这笔订单。

试想一下，如果当顾客指责王佳所销售的电脑容易出问题时，王佳忍不住反驳顾客，那么顾客还会与王佳做交易吗？显然不会，可见，适时的忍让是十分有必要的。正如上面所说，顾客能走过来，就说明顾客对商品有兴趣，说一些不当的话可能是别有用心，这种情况下，如果忍不住与顾客争辩，那么交易自然不容易达成。

一般来说，销售人员在与顾客交往时，要秉持一种忍让的观念，但这并不意味无原则地忍让，要有原则地忍让，以退为进。上面的事例就很好地说明了这一点，王佳的忍让就没有失去原则性，他没有顺着顾客的话说自己公司的产品以及公司的服务如何的糟糕，如果真要是顺着顾客的话贬低公司的产品和服务，那么在贬低公司的同时也贬低了自己，这就失去了原则性。王佳的忍让表现在当顾客指责时没有与顾客争辩，而是提出了解决问题的办法。这种忍让又不失原则的处理方法让顾客很满意，最终两人还做成了一笔交易。

一般情况下，在面对顾客的故意刁难时，可采取以下措施应对，可避免事态升级：

（1）保持低姿态

面对顾客的刁难，不要着急与之争辩，因为这样只会激起他们更多的刁难欲望。所以，面对刁难的顾客，适宜保持一种低姿态，以退为进。

（2）保持良好的职业修养

顾客的刁难不等于人身攻击，所以在顾客刁难时，尽量保持一个销售人员良好的职业修养。你的礼貌、谦和就是化解顾客刁难的良方。

（3）专注于销售目标的实现

在整个销售过程中，不要被顾客刁难的因素干扰，保持足够的淡定，推进销售目标的实现，竭力促成交易的完成。

总之，销售人员要想做好销售工作，适度又不失原则的忍让是非常有必要的。总体要求是：既要在心理素质上具备这种能力，又要在工作当中具备这种能力。这是成为一名优秀的销售人员必须具备的基本素质，也是你打动顾客的又一重要的妙方。

练就“一笑了之”的豁达心态

世上没有太容易做成的事，期间，总是会有不断的意外发生。实际上，这是很正常的事情，毕竟生活本就是由一个又一个麻烦组成的，销售行业中，这样的事情更是屡见不鲜。

作为销售人员，绝大多数都有过这样的经历：在销售过程中，发生了之前没有预料到的情况，令自己一时之间不知所措，无以应对。虽然你的准备工作已经很充分了，但事情还是突如其来了。比如，当你正在施加拉力以证明产品所使用的材料具有高强度的时候，却没想到产品突然爆裂断掉了；当你打开一瓶啤酒时，就在几十人面前，喷出的啤酒泡沫洒满了你的上半身。当然，更窘迫的情况是当你要使用投影仪时，灯泡突然烧坏，而备用盒中却空空如也……

诸如这样的情形，给一些销售人员，特别是那些经验不足的销售新人带来了尴尬和难堪。由于是突发情况，超出了他们的意料，他们对此没有任何思想准备，同时，又缺乏很好的解决之道，自然会感到尴尬和难堪，不知所措。

实际上，出现尴尬、不知所措的情况一定程度上体现了当事人的心态不够好、不够强。要知道，事情虽然超出预料，突然而至，但在事情发生前就应有这样一种心态：没有任何事是一帆风顺的，麻烦和困难是随时都会来的。如果平时就有这样一种危机意识，并为此做好准备，就不会在麻烦到来时，尴尬、难堪，不知所措。

大作家狄更斯曾说："一个健全的心态比一百种智慧都有力量。"对从事销售行业的人来说，一定要认识到销售是一项复杂、充满挑战的工作，困难和麻烦一定会遭遇到的，要为此做好心理准备。这种健全的心态有时比技能更能让你在面对麻烦和困难时从容淡定。

销售人员在面对挫折和失败时，要有百折不挠、不达目的不罢休的勇气。当历经无数次失败以后，也一定要有足够的耐心，要知道所有的失败都是在为以后的成功做准备。

在销售中遭遇突发事情，令你尴尬、难堪时，你要保持一种豁达的心态，笑对这些挫折和失败，这有利于你将销售进行下去。

有一次，销售人员吴桐正向一群运输业者展示一种高质量的机油。一切都很顺利，观众也都很专心地看。吴桐拿着两支装有不同质量机油的试管，每一支试管都用橡胶垫封住了开口。当他要把试管倒立过来比较机油滑落的速度时，没想到两支试管的橡胶垫却都脱落了。一时间，机油洒满讲台，吴桐的全身上下也沾满了机油，而他手中还高高举着两支空空的试管。

一时之间，吴桐看着台下的观众，台下的观众也看着他。吴桐看到角落处有位观众的嘴角突然抽动了一下，接着吴桐似有所悟，自己开始大笑起来，很快，台下的观众也跟着笑起来。吴桐站在台上大笑，观众在台下跟着大笑。刚刚的尴尬气氛一扫而空。

试想一下，吴桐当时如果用很严肃的态度来处理，无论怎样，这场展示会都会给观众留下阴影，吴桐的产品展示会自然宣告失败。但是吴桐大笑出来，则显示了他不会很在乎这个小意外，观众也不会觉得这是个失败的产品展示，只是个小意外。而且，他们也可以借此机会知道，这名销售员不是一个碰到突发情况便手足无措的人。

销售人员往往比常人需要面对更多、更复杂的竞争环境，特别是刚开始工作时挫折和失败更是家常便饭，就看你以何种心态对待。如果你轻易地被挫折和失败击倒，那么你的销售之路必将艰难无比；相反，如果你能以豁达的心态笑对挫折，那么你就有更大的可能跨过障碍，走向成功。

克服恐惧心理，勇敢做自己

恐惧心理人人都有，我们经常听人抱怨，“这个事太难搞定了，我完成不了，我相信其他人也没有能力搞定。”“把这么巨难的工作交给我，真不知道老板是怎么想的！是不是没思维呀!” 这种畏难心理在销售中十分常见。

正如第一句话所说，恐惧的心理人人都有，这是再正常不过的事情。但是很多时候，不见得真有恐惧的事情发生，而多半是我们自己吓坏了自己。

心理学家研究发现，人们在没有经历一些事情的时候，总是会首先给自己一种心理暗示，比如把一块宽30厘米、长10米的木板放在地上，人们可以轻易地从上面走过去。但如果把这块木板放在高空中，很多人就会因为害怕而不敢迈步，这时候人们往往会形成一种自我暗示：我会掉下去的。

就是在这种自己吓唬自己的暗示下，我们感到了恐惧，害怕自己真的会从上面掉下去，虽然实际上并没有发生。

一项调查表明，销售人员的恐惧多半来源于“不敢与人打交道”，也就是缺乏与人交际的勇气，在这一点上，销售新人的表现更为突出。由于缺乏人际交往勇气而遭到淘汰的销售人员高达40%以上，这些人多半是在入职后不长的时间就暴露出这样的问题。

从一定程度上看，销售活动就是搞定人的问题，如果不敢与顾客打交道，那又何谈成功销售呢?

赵峰是一名新入保险行业的业务员，有一次，他要去拜访一位客户，去之前就听同事说该客户是一个很有钱的老总，经营着一个很大的公司，为人很严肃。一听到这些情况，赵峰心里便开始担心，害怕客户为难自己，或者干脆把自己骂出来。他越想越害怕，甚至想要放弃，但是已经和客户约好了，不去见一面总是不对的。

在去顾客公司的路上，赵峰心里一直惴惴不安，禁不住胡思乱想，越想心情越沉重。终于来到了客户的公司，在被前台小姐领到顾客的门口时，赵峰甚至连敲门的勇气都没有了。这时门突然开了，原来是那位老总得到通报后，来迎接客人进屋。

那位老总没有像同事说得那样为人很严肃，相反倒很热情，但是赵峰依然非常紧张。顾客越是热情，他越是紧张，最后连自己说什么都不知道了。那位客户见销售人员竟有如此不堪的表现，很是失望，就找了个理由让赵峰离开了。

赵峰的恐惧、胆怯、懦弱，让他失去了与顾客平等交流、增加了解的机会，也让他最终失去了成功销售的机会。

实际上，不仅仅是销售新人欠缺人际交往的勇气，恐惧与人交往，就是从事销售多年有着丰富销售经验的人员，他们的骨子里也是缺乏人际勇气的。他们不欠缺对产品、技能的掌握，甚至也赢得了顾客的尊重，但是他们的成交率就是不高。究其原因，也与他们缺乏人际勇气有着密切的关系。

恐惧对销售工作的影响是致命的。当销售人员在顾客面前面红耳赤、吞吞吐吐，甚至语无伦次、不知所云的时候，给顾客留下的就是不诚实、不干练、不成熟、不自信的印象，多数顾客是不会选择与这样的销售员做交易的。即使产品很好，顾客也会失去购买的欲望。久而久之，销售人员的声誉就会尽失，销售工作很难再进行下去。

因此，销售人员必须要克服这种恐惧的心理，要敢于推销自己。同时更要愿意自我推销，要时刻告诉自己是在做一项很有成就感的工作，不是在求人施舍，所以没有必要在与顾客打交道时低三下四。更没有必要害怕跟顾客打交道。其实，只要你能鼓起勇气，勇敢地迈出第一步，就会发现原来那些担忧都是没有必要的，是杞人忧天。

销售人员可通过以下几方面来克服恐惧，勇敢地做自己：

（1）充分相信自己

相信自己是销售成功的基础，相信自己意味着不仅仅相信自己的办事能力，相信自己选择销售事业的正确性，相信自己的工作能够帮助别人，而且还能让自己获得荣誉，只要树立了这种职业的自信心与自豪感，自然就不害怕与顾客接触交流。

（2）不要太在意别人对自己的评价

与人初次见面时，我们往往很自然地在乎别人对自己的评价。但作为销售人员，如果过于在意这种评价，心理上就难免会产生患得患失之感，并由此产生巨大的压力。所以，不要太在意别人对自己的评价，至少暂时不要太在意，这样恐惧感就会随之降低。

（3）不妨大声说话

在感觉有些紧张的场合，不妨试着尽量放开声音，大声交谈，而不必过于在意别人异样的眼光。这样会使紧张的心理迅速缓解，害怕的情绪也会消失不见。

（4）不要急于求成

在销售活动中，希望马上达到目的，往往会让自己紧张起来，声音会颤抖，动作会僵硬。这样，极有可能让对方感觉到自己的不安，不利于交易顺利进行。所以，在销售中，不要急于求成，而要稳扎稳打，步步为营。没有了急功近利，就不会过于紧张，就能与对方心平气和、从容自若地交往了。

不怕麻烦找上门，将梦想坚持到底

销售是一项非常具有挑战性的工作，同时，也是一项可以满足人很多梦想的工作，很多大老板都出身销售，比如占据多年华人首富宝座的李嘉诚最初就是一名普通的销售员。一项调查表明，超过70%的CEO出身销售，虽然这个数据可能有些夸大，但还是较为真实地说明了销售工作的重要性。

想要在销售行业做出成就的人多半都有一个远大的梦想，而且通常也勇于坚持自己的远大梦想，为实现梦想，他们不怕麻烦，不怕挫折，勇于向前，勇敢坚持。

张玮大学时学的专业是进出口贸易，毕业后，他就投身销售行业，希望能在销售行业做出一番成绩。经过一番市场调查后，张玮决定推销一种现代切割机床。

由于这种现代切割机床价格比较昂贵，很多规模不大的工厂不会购买，有规模的工厂也不会轻易购买。张玮不辞辛苦，跑了好多工厂，没有一家工厂同意购进这种机床。最后，张玮把希望放在了一家企业身上，希望能借此打开突破口。

张玮设法弄到这家企业主管采购的副厂长的家庭地址，然后前去拜访，而对方却让他吃了闭门羹，并告诉他："这里不是办公室，不谈公务。你回去吧。"

第二次再去，对方的口气更为强硬："你怎么还来，我可要叫警察了！"

虽然遭遇了如此冷遇，但张玮热情不减，继续找与这名负责人碰面的机会。终于在这家企业的厂区外，张玮又一次等到了这位负责人。这回，这位负责人似乎被张玮的坚持精神所打动，同意好好听张玮介绍一下这种切割机。

张玮把握住机会，给这位负责人详细介绍了这种机器的性能和优势，最终这位负责人同意通过张玮先购进一台这样的机器试用一下，如果确实不错，再考虑多购进几台。这样，张玮的坚持终于换来了成功。

一次，张玮又到另一家公司去推销，采购部门的主管很仔细地听取了他的产品介绍，然后说："请你拿一份图纸给我看看。"张玮将图纸送过去，新的要求又来了："请你把那些已经使用这种机床的单位名单给我看一看。"

张玮很快又整理了一份名单送过去。那人说："请再为我算算成本。"张玮又精心计算了成本，并及时给对方送过去。

总之，每一次去对方都有新的要求，就是不提购买的事，而张玮则有求必应。就这样拖了两个月，就在张玮认为此事可能没有希望了的时候，一天，那位采购主管突然打来电话："我们决定从你那儿订购8台C机床，价格就按你要求的来。"

张玮的坚持又一次让他获得了成功。一年半以后，张玮成为了公司的销售总监，全面负责公司的销售事宜。张玮从此正式步入了事业发展的快车道。

如张玮一样，绝大多数优秀的销售员之所以成功，就是因为他们不惧怕麻烦，勇于坚持追求梦想。乔·吉拉德曾经说过："成功的人有时候也是被逼出来的。我想大多数人都会承认，他们之所以成功，是因为他们的坚忍不拔，不断追求成功，事实上，坚忍不拔便是成功的保证。"

有些销售人员惧怕麻烦，凡事爱往坏处想，以致在展开销售行动之前，先找出一堆不能成功的借口。借口很容易找，但爱找借口的人，失败的概率往往高于常人。因此绝不能在做事之前，就开始找不成功的借口。

即使成功的概率不是很大，但只要存在着可能，就要勇敢地接受挑战，并努力坚持到底。只有勇于接受挑战，不惧失败，才会有可能取得成功。如果还没战斗，就被吓退了，那么，成功的号角绝不会为你响起。

可从以下几方面树立不怕麻烦，勇敢接受挑战，并勇于坚持的信念，让自己变得勇敢、坚强，无所畏惧。

（1）保持对职业的热情

一个对自己的职业都没有热情的人，是无论如何也不能调动起顾客的热情来的。更为重要的是，如果没有对职业的热情，就不会生出将事业进行到底的信念，就不会有一颗勇敢面对麻烦的心。所以，对职业的热情是必不可少的。

（2）保持对自己和公司的信心

自信是一种力量，首先，要对自己有信心，每天工作开始的时候，都要鼓励自己，我是最优秀的！我是最棒的！同时，要相信公司，相信公司提供给顾客的是最优秀的产品，这样才能在给顾客介绍时，有底气，敢于跟顾客承诺。

（3）具有吃苦耐劳的精神

销售工作是很辛苦的，这就要求销售人员要具有吃苦耐劳的精神，要将"吃得苦中苦，方为人上人"视为职业精神。只有不怕吃苦，才能在经受辛苦的时候，坚持下来。

（4）具有良好的心理素质

只有具有良好的心理素质，才能够坦然从容地面对挫折和麻烦，也不会因一时的顺利而得意忘形、忘乎所以，真正做到胜不骄、败不馁，将梦想坚持到底。

低谷时也不放弃，积极应对“销售低潮”

正如上面所说，销售是一项十分复杂、十分具有挑战性的工作，遭遇各种麻烦和挫折是十分正常的事。比如，“销售低潮”就是销售人员绕不过去的、需要认真面对的“火焰山”。

销售低潮就是持续一段时间（通常几个月）不管销售人员如何努力、如何用心去开展业务，业绩还是一直下滑的情形。就算是资深的销售员或是业绩一直不错的销售员，也会遭遇到这种情形。

销售低潮十分可怕，会给人带来巨大的精神压力，使人精神郁闷，丧失冷静，连对自己是何许人都会产生怀疑，可见情况十分严重。

不管什么事情，其背后都是有其产生原因的，造成销售低潮的原因可能是：没有开拓新的顾客，销售活动量不够，家中发生重大事故或生病让自己失去应有的推销水准等。不管什么原因，总之原因都是出在销售人员身上。解铃还须系铃人，要想解决这个问题，还需要从销售人员身上入手。

实际上，隐藏在销售低潮背后的原因是，销售人员的信念以及意志力发生了动摇，导致其战斗力下降。

原一平是日本最有名的销售大师。他也曾遭遇到销售低潮，当他第一次遭遇推销低潮时，他一整天都在反思，极力想从中找出原因。但苦思没有结果，于是他去拜访一位资深销售员，想是不是可以从那位前辈那里得到一些启示。没想到这位前辈却因醉酒不省人事。原一平大为震撼，同时他似乎得到了一些启示。

在思考了一晚上后，第二天一大早，原一平冲个冷水澡振作精神，然后直接出门去拜访客户。与想象中一样，第一个客户拒绝了他，第二个客户也拒绝了他，但是他一点也不以为然，依然继续拜访工作。最后，终于在拜访第五个客户的时候，他结束了为期多日的滞销噩梦。

签完合同后，原一平跑到外面的街道上大声高叫："幸好我没有放弃！"

命运似乎从这一刻扭转，"销售低潮"的魔咒被打破，原一平又开始了他销售的神话，他以确凿的事实证明销售低潮是完全可以打破的。

从这里我们可以看出，打破"销售低潮"的关键因素在于销售人员的心态，如果销售人员心态积极，没有被"销售低潮"吓倒，积极应对，是完全可以打破"销售低潮"魔咒的。下面的两个措施有助于销售人员积极应对"销售低潮"，不妨酌情采用：

（1）秉持激励自己奋进的信念

销售是条漫长又艰辛的路，不但需要保持奋进的情绪，更应该秉持一种信念，即自我激励，自我启发。只有这样，才能面对重重难关并坚持初衷。尤其在陷入低潮时期，若无法适时做好自我调节，销售之路势必将画上永远的休止符。

（2）用坚强的意志去完成计划

诸多的事实证明，有两种人可以做好销售人员的工作，第一种是乐观向上的人，第二种是永不服输的人。在遭遇挫折的时候，强大的信念和坚强的意志将会起到关键的作用。有了一定能取得成功的信念之后，剩下的就看是否有可以将计划坚持到底的坚强意志了。如果答案是肯定的，那么就可能取得突破，获得成功；反之，就极容易半途而废，止步于此。

作为日本销售界的传奇，原一平自有他永不服输、永不放弃的那种精神。他其貌不扬，身高不到1.5米，体重刚过百斤，可以说又瘦又小，但是在他瘦小的身躯内却藏着惊人的潜力和干劲儿。

原一平刚到明治保险公司的时候，自己给自己定了一个任务，那就是每天都要访问15位顾客。这个计划很累人，原一平经常是连坐下来喘气的时间都没有，更不用说照顾家了。有时原一平也会问自己："难道我每天一定要访问15位顾客吗？我到底是为了什么？钱吗？”

原一平拼命工作自然不全是为了钱，是他那倔犟的性格迫使他不断地超越自己。原一平从来不愿意服输，他曾说：“在别人看来，我每天除了销售保险，没有其他的娱乐，在工作之余也不会带着妻子去玩。有人说，我的生活呆板得可怕；有人说，我的生活没有什么乐趣可言，但我却在工作中享受到了极大的快乐。”

销售工作不可能是一帆风顺的，遭遇挫折是常有的事，面对失败，原一平只是笑笑，又继续努力。他给自己定下每天必须访问15位顾客的任务，若没访问完，就绝不回家。这股不服输的力量在原一平胸中翻腾，鼓舞着他不断前进，不断超越自己。在原一平看来，人生就是一系列的挑战与应战，不断地征服困难就是他人生的最大乐趣。

正是凭借对工作的热情和持之以恒的意志，原一平才创造了辉煌的业绩，获得了惊人的成功。面对经历过的种种，原一平深有感触地说：“我的成功都是在暴风雨中取得的。我什么都不怕，唯一害怕的就是自己低头折腰。只有永不服输的人才配得上成功的桂冠。如果你不想成功，你就低头认输吧！”

正如原一平所说，成功路上不害怕狂风暴雨，遍地荆棘，怕的是自己失去斗志，失去信心。只要斗志还炽烈，信心还未远离，永不服输，永不放弃，那么成功就是早晚的事。

练就灵活的应变力应对突发情况

生活是由一个麻烦接一个麻烦组成的，总有一些麻烦不在我们的意料之中，始料不及的麻烦总让我们猝不及防，甚至惊慌失措，无以应对。

这种情况下，如果有灵活聪慧的应变力，就能从容、冷静、理智地分析情况，然后通过巧妙的方法灵活地应对，最终化险为夷，使自己摆脱窘境。但是如果缺乏灵活聪慧的应变力，遇事就不免惊慌，惶惶然不知所措，甚至于鲁莽行事，让事情变得更加复杂，事态更加严重，可见灵活聪慧的应变力是不可缺少的。

应变力是人面对外界改变的适应能力，体现出来的是人的一种自信和智慧，以及乐观的心态。对于销售人员来说，灵活聪慧的应变能力是其要具备的最起码的一项素质，是确保销售获得圆满成功的一个先决条件。因为销售人员所接触的顾客形形色色，广泛复杂，其中固执、冷漠、倔犟、蛮横、傲慢的顾客大有人在，如果没有灵活聪慧的应变能力，那么就很难与不同的顾客打交道，更不用说能创造出一个骄人的销售业绩。

在一个新品展销会上，一个推销员当着一大群顾客的面展示一种不会摔碎的钢化玻璃酒杯。

他先是对产品进行了一番详细介绍，然后开始给顾客示范，这时令他没有想到的情况发生了，他错拿了一只质量不过关的酒杯，酒杯落在地面，一声脆响，酒杯碎了。

台下的人哄堂大笑。

这位推销员也被这突发情况弄得一愣，但很快就反应过来，只见他沉着而幽默地说："像这样质量不过关的杯子，我是绝不会卖给你们的。"

幽默的话语又引来一场哄堂大笑，但是前后的笑却是截然不同了，之前的笑更多的是怀疑和嘲讽，而这次的笑却是赞赏和肯定。

销售员用自己灵活聪慧的应变力化解了尴尬局面，不仅把自己从窘境中解救出来，而且还获得了顾客的肯定和赞赏，并由此获得了大量的订单。

可以试想一下，如果当时这个推销员不知道如何正确面对此事，更不知道如何正确处理、应对此事，那么除了让自己"享受"尴尬外，恐怕别无所得。可见灵活聪慧的应变力是非常重要的，它完全可以扭转态势，变劣势为优势。

应变力考察的是人们随机应变的能力，对销售人员来讲，要想使自己具备并有效发挥随机应变的能力，就不能死板地例行公事、墨守成规，而应该努力练就一双善于发现新情况、新问题的慧眼。而且还要能对这些新问题、新情况进行认真分析，然后总结出经验教训，并把这些经验教训融入到自己日常工作中去，逐步提高自己处理事情的能力。只有这样才能在突发事件面前保持沉着冷静，并能理性分析事情，想方设法化解不利因素，而不是盲目行事。

正如上面所说，应变能力体现出来的是人的一种自信和智慧，以及乐观的心态。在突发事件面前，有灵活聪慧应变力和缺乏灵活聪慧应变力的销售人员其状态是大不同的。对缺乏应变力的销售员来讲，当有突发事件发生时，他不会主动地去应对，而是选择逃避和放弃；而有着灵活聪慧的应变力的销售员则不会放弃，而是选择积极应对，以求突破障碍，把事情引向好的方面。

要想具备灵活聪慧的应变力，需要销售人员有灵活的头脑，说话做事要恰到好处，不过分也不虚假，这样才会让顾客信服，给顾客留下好的印象，才有利于后续销售活动的开展。下面这个故事可能会对缺乏应变力的销售员有所启示：

一位理发师带了个学徒。学艺3个月后，徒弟感觉手艺学得差不多了，于是请师傅允许他正式上岗，给顾客理发。理发师很爽快地答应了。

徒弟正式上岗，他给第一位顾客理完发，顾客照照镜子说：“头发留得太长。”徒弟不知道该说些什么。理发师在一旁笑着说道：“头发长些好，可以让您显得含蓄，这叫藏而不露，符合像您这样有身份的人。”顾客心里很高兴，愉快地付钱走了。

徒弟给第二位顾客理发，理完后顾客照照镜子说：“头发留得太短。”徒弟又不知该说些什么。一旁的理发师笑着解释：“头发短些好，那样您显得更精神，精气神饱满。”顾客听了，很受用，也愉快地付钱走了。

徒弟给第三位顾客理完发，顾客边交钱边嘟囔：“理个发花这么长时间，真不知道怎么搞的。”徒弟不知道说些什么。理发师又一次给徒弟解围：“为‘首脑’多花点时间很有必要。您不是一般人嘛！”顾客听后，转怒为喜，笑呵呵离去。

徒弟给第四位顾客理发，理完后顾客说：“理发用的时间太短了，十几分钟就理完了。”徒弟不知如何应对，愣在那儿。理发师说道：“时间就是金钱，‘顶上功夫’速战速决，而且理得也不错，您说是吧？”顾客听后爽快付钱，然后客气告辞。

这个时候，徒弟才知道自己的功夫还远远没到家，应变能力更是差得十万八千里，于是又继续跟理发师学习。

销售是一项充满挑战的工作，销售人员要与形形色色的顾客打交道，缺乏必要的灵活聪慧的应变力肯定无法适应各种复杂的场面和状况，特别是那些突如其来的麻烦更会让缺乏应变力的销售员陷入尴尬的、麻烦的境地。所以，要想在与顾客的交流中赢得顾客的肯定和赞赏，要想化不利局面为有利局面，提高自己的销售业绩，就一定要练好处事不惊的应变力。

第三章
销售人员取信顾客的心理学效应

要想取信顾客，就要掌握取信顾客的心理学，只有了解了顾客的心理，才能更好地和顾客打交道。知道顾客喜欢什么，讨厌什么，相信什么，怀疑什么，进而知道自己该说什么，不该说什么，以及该怎样做。只要熟知并运用好这些心理定律，才能更好地让自己获得顾客的好感和信任，为后续的销售工作打下良好的基础。

焦点效应：把顾客的姓名记心中

你有没有过如的类似情况：在某一次派对上不小心把饮料撒了一身而懊恼很久？在公共场合不慎摔倒，然后在5秒钟内迅速起身，还要装作若无其事？在看包括自己在内的团体照片时，先找自己？如果这些问题的答案都是“是”，那么，你是正常的，因为人最关心的是自己。

这种现象在心理学中，被称为“焦点效应”。焦点效应也叫作社会焦点效应，是人们高估周围人对自己外表和行为关注度的一种表现。

“焦点效应”是人类的普遍心理，它反映了心理学中所公认的一个事实，那就是人都是以自我为中心的。既然这样，如果把这种效应应用在销售中，是不是可以促进销售与消费的关系？答案是肯定的。

由于人最关心的是自己，所以连带非常关心自己的姓名。假如销售人员能够尊重并牢记顾客的姓名，在顾客看来，则传递着备受重视的感觉，这样在内心自然就会升起一种荣誉感，这种感觉会让顾客信赖销售人员，进而促进双方的关系向前发展。

原本对钢铁行业一窍不通的安德鲁·卡内基，如何成为举世闻名的钢铁大王呢？他成功的秘诀之一就是：极为尊重别人的姓名。

10岁的时候，卡内基无意间得到一只母兔子，不久，母兔就生下一窝小兔子。可是，他的零用钱有限，没有足够的钱买食物来喂养一窝小兔子。于是，他想出了一个点子，他告诉邻居的小朋友，只要他们肯拿食物来，他将用小朋友的名字为小兔子命名。小朋友听了，立刻踊跃提供食物。

这件事给了卡内基极深刻的启示：人们非常在乎自己的姓名。卡内基长大成人后，有一次为了竞标太平洋铁路公司的卧车合约，与竞争者布尔门铁路公司针锋相对。双方为了中标，不断将价格降低下去，均已无利可图。不久，卡内基与布尔门都到纽约去见太平洋铁路公司的董事长，他们在饭店门口巧遇了。卡内基对布尔门说："我们这不都是在作贱自己吗?"布尔门说："你指的是什么呢?"卡内基向布尔门陈述恶性竞争的危害，并提议化解前嫌，彼此携手合作。

布尔门认为有点道理，可是仍旧无法全部接受。布尔门突然问道："假如我们合作的话，新公司要取什么名称好呢?"卡内基想起了童年养兔的往事，他断然回答："当然要叫'布尔门卧车公司'啦!"布尔门听了，顿时双眼发亮，两人很快就达成了合作协议。

又有一次，卡内基在美国宾州匹兹堡建了一家钢铁厂，专门生产铁轨。当时，美国宾夕法尼亚铁路公司是铁轨的大顾客，该铁路公司的董事长叫汤姆生。卡内基又想起兔子的故事，于是，他就把新建的钢铁厂命名为"汤姆生钢铁厂"。

卡内基这一套"尊重别人姓名"的本事，使他无往不利，生意兴隆，最后建立起了他的钢铁王国。

了解"尊重别人姓名"的重要性与价值之后，就要设法进一步设法牢记别人的姓名。我们常听许多人说："我就是记性很差，老是记不住别人的姓名"，或是"我的记忆力不好，因此人跟名字就是对不起来"。

记别人的姓名很困难吗？雪佛兰通用汽车分公司的总经理巴布·兰德能够牢记全美6000个以上的雪佛兰汽车经销商的名字，在每一次的经销商联谊会议上，他都能一一叫出每一位经销商的大名，并亲切地跟他们寒暄。他这种超乎常人的记人名本事，使他获得了顾客的信任，是他成功的原因之一。

美国前邮务总长杰姆能牢记5万个人名。杰姆10岁丧父，连小学都没读完，但他在46岁时，获得四所大学的荣誉学位，并担任美国邮务部长。

杰姆成功的秘诀就是能牢记5万个人名。这套特异本领，甚至为富兰克林·罗斯福入主白宫起了重要作用。他的所作所为给政治人物上了最宝贵的一课——选举要得胜，必须牢记选民的姓名。

或许你会说，巴布、杰姆都是特例，一般人做不到。其实记人名就跟背英文单词一样，只要肯用心，下苦功，必有所成。

对一般人而言，记几十个、几百个姓名可能不难，可是，能记数千个数万个人名就非比寻常了，对销售人员而言，那将可能成为“成功之钥”了。要牢记人名，可参考下面三个方法：

（1）用心听，牢牢记

把记别人姓名当成重要事情去做。每当认识新朋友时，一面用心注意听，一面牢牢记住。若听不清对方的大名，请立刻再问一次。切记！每一个人对自己的名字，比全世界的所有人名合起来还关心。

（2）利用笔记帮助记忆

别信任自己的记忆力，在取得对方名片之后，必须把他的特征、嗜好、专长、生日等写在名片背后，以帮助记忆。当然，若能配合照片另制资料卡，就更理想了。

（3）重复对方姓名

重复一个人的姓名，能够帮助记忆，因此，在初次谈话中，应故意多叫几次对方的大名。如果对方的姓名很少见或很奇特，不妨请教其写法与姓名的来历。

牢记顾客的姓名并在下一次见面时亲切地喊出来，会让顾客对你大生好感，并会因此更加信赖你，甚至感激你。这样必然有助于你们之间建立亲密关系，也必然有助于销售活动向前发展。

折中效应：拒绝贪婪，懂得放长线钓大鱼

简单说，折中效应是指销售活动中，消费者的决策会随着情境的变化而变化，当一个选项中新增加一个极端选项后，会使原来的选择方案成为折中选项，那么即使折中选项在所有选项中不是绝对占优势的，它也会更具吸引力，使之被选择的概率加大。

一个人第一次去一家理发店的时候，接待的小姐笑容可掬地介绍理发有38元和98元两个价位。这个人问有什么不同?接待小姐回答道："38元是普通发型师剪发，而98元则是美发总监亲自出手。

尽管接待小姐不停地说美发总监技术有多好，但是这个人还是感觉花98元理发没多大的必要性，于是选择了普通理发师给自己理发。

过了一段时间，这个人第二次去这家理发店的时候，发现理发从原来的两个档次变成现在的四个档次，最低的档次还是38元，98元的档次也还在，此外，又增加了68元和128元两个档次。

在选择的时候，这个人果断地选择了68元的档次。也就是经理级别的，为什么要选这个档次呢?主要原因就是这个价位比上不足比下有余，位居中间，不是最好也不是太差。

这就是所谓的"折中效应"。这个心理学效应告诉销售人员，在销售的过程中不要过于贪婪，一定要把目光放长远，别为了眼前的一点利益，而丢失了将来可能存在的合作机会。

绝大多数出色的销售员都不贪图眼前的既得利益，都懂得放长线钓大鱼，目光长远，以博得对方的好感、信任，为以后的长久合作奠定基础。

台湾客商陆先生与内地一食品出口公司谈判大蒜生意。在第一轮商谈中，内地公司报价每吨2300元人民币，而陆先生只肯出价每吨2100元人民币。显然，双方在价格上是有不小差距的。

三日后，双方再次坐到谈判桌前。由于大蒜收获期就要开始，如果不马上处理，错过收购时期，不但数量保不住，而且收购价格还要跌。内地公司权衡了利弊后，愿以2150元成交。可是陆先生却说："我们交个朋友吧。说心里话，这批蒜卖2150元一吨，贵公司有点亏，我心里也不愉快。做生意嘛，讲个来日方长，这样吧，每吨我多加10元。"

等合同正式签字生效后，内地公司的代表问陆先生："本已谈妥价格，为何又加价呢？"陆先生说："虽然每吨的价格增加了一点，但我们双方日后还要长期交往，如果有求于你们，我想你是乐意尽力协助的。有些同行，斤斤计较，这样会使对方产生反感，也会对你设置重重关卡，虽然生意做成了，但并不愉快。表面看是赢家，那样因小失大实际上是输家。"

销售的目的自然是为了赢利，表面上看，陆先生主动让价，虽然使自己有了一些损失，赢利减小，但是他懂得放长线钓大鱼，把目光放在以后双方的再次合作上，以此获得对方的好感和信赖，可以说心胸开阔，目光远大。

事实上，一个销售高手通常会在第一次与顾客签单时，就为第二次或第三次的合作埋下"伏笔"，这叫提前预留感情资本。即使双方合作没有成功，也要及时地感谢对方，这样才会使双方的感情不断加深，也为双方以后的合作打下良好的基础。

市场经济下的竞争异常激烈，所以谁先占领了销售群体，谁就拥有了市场的主动权，在这种氛围下，就自然而然地生成了"顾客是上帝"的观念。所以顾客一旦选择了你，就把信任也交给了你。如果你表里不一，想瞒天过海或者偷梁换柱，又怎么能让顾客放心再与你合作呢？

为了庆祝结婚15周年，李先生想与妻子到云南大理去旅游，于是就精挑细选，从十几个旅行社中挑出了颇具规模的一家定好了行程。李先生一心向往着温馨的旅行，谁知事与愿违，第一天到达目的地就被导游告知，由于标准间的客房已经被安排满了，所以只能让他们夫妇住进洗浴大厅的桑拿房。

李先生虽然心有不甘，但是旅途劳累使他无力再去计较，再加上导游小姐满脸歉意的微笑，所以就同意了。但是令他们无法忍受的是洗浴大厅内的条件实在很差，地面脏乱，卫生间污秽不堪，床上的被褥更是异味难闻。

本想借着度假重温恋爱时的温馨浪漫，却被眼前的现实击碎了，原本舒心的旅游大打折扣。于是，气愤的李先生就与客房负责人联系，双方僵持到凌晨一点多，旅行社同意赔偿李先生一部分费用，但是依然没有办法解决眼前住宿的问题，无奈之中李先生只得返回桑拿房。

从这次旅游之后，李先生想再去旅游的时候，再也不会考虑找这家旅行社，那一次的经历给他带来了严重的心灵伤害。

看看这就是失去了顾客信任的结果。无论是对于企业的经营者还是销售人员而言，要想在激烈的竞争中谋得一席之地，就要遵守相关的规则，最为重要的就是按合同办事，本着诚实守信的原则经营，这样才能让自己得到对方的肯定和认可，也才能让事业走得更远。

可通过下列几方面促进与顾客的亲密关系，以赢得顾客的青睐和信任。

（1）与顾客形成亲人之间的亲密感

正是这种亲人之间的毫无保留的信任，才能使顾客对商家持一种放心的态度。一旦商家在业务之外有什么需要顾客帮助的，顾客也会积极地给予帮助。即使顾客对产品有什么不太满意之处，也会给予商家相应的理解。

（2）把顾客当成友人

在友情的基础上构建的生意会更稳定、更持久，这就要求销售人员要努力与顾客做朋友，以对待朋友的方式对待顾客，这样就可能换来顾客的友善，从而增强信赖感，并在此基础上，做长久交易。

（3）把顾客当成贵人

任何企业要想做大做强，单凭自己的实力是绝对不能完成的，所以就需要贵人从中协助。但问题的关键是你不知道谁会是你的贵人，这就需要你抓住身边的每一棵救命草——顾客，把顾客当成生命中的贵人。

（4）把顾客当成合伙人

推荐营销是目前流行的一种新的营销理念，即让自己的顾客为自己做宣传，进而带来更多的顾客。因此，作为销售人员一定要善待你的每一个顾客，把他们当成你的合伙人，以扩大你的影响，提高你的销售业绩。

权威效应：顾客更愿意相信专家式销售员

很多人都有相信权威、专家或者行家的心理。这种心理是非常正常的，毕竟谁不愿意听从一个懂行的人的话呢？因此说，“权威效应”，或者说“专家效应”普遍存在。

美国曾有一个心理学教师找到一个学习化学的班级做一个“权威效应”的心理实验，他请该班的教师向学生引见说：“这位教授是国际上知名的化学家，最近他研究出一种新的化学品，由于我与他很熟悉，今天专程请这位教授向同学们展示一下这项新的研究成果。”

只见这名“国际上知名的化学家”拿出一个瓶子，瓶子里面装着透明的液体。化学家告诉同学们，他正在研究一种化学药品的感知效应，现在他展示的化学药品是一种新药，其味道可以在空中迅速传播，而只有对化学药品有敏锐感知的人才能通过空气中的传播感受到。说完，他打开瓶子。

同学们小心地呼吸，用心体验“只有对化学药品有敏锐感知的人”才能得到的感受。稍后，大家开始谈出自己的感觉：有的说，这是一种与过去所有的化学药品味道完全不同的东西；有的说，教授打开瓶子后，立即就会感受到一种由前至后扑鼻而来的清香，“味道好极了”，等等，全班没有一位同学表示不同看法。

待大家讨论得差不多了，这位“国际上知名的化学家”告诉同学们，他不是什么国际上知名的化学家，而是本校的一位普通的心理学教师，瓶子里装的不过是刚刚从学校自来水管里流出的自来水而已。接着，他表示他的心理学实验圆满完成：“谢谢大家的真诚合作！”

这样的实验结果是令人惊讶的，为何明明没有任何气味的自来水，学生却可以闻出特殊的味道来呢？只因为人们对权威的信任和盲从，使其本该有的怀疑消失殆尽。

对权威或行家的信任和盲从，实际上是人们出于一种追求安全的心理需求。服从这些权威或者行家会使自己的这种追求安全的心理需求得到满足，因此他们都非常愿意这样做。

同时，人们对权威或行家的无条件信任和遵从，还缘于一种“认可心理”，即人们总认为权威人物的要求往往和社会要求相一致，按照权威人物的要求去做，会得到各方面的认可。

客观上，人们对权威的深信不疑和无条件地遵从，会使权威形成一种强大的影响力，利用这种权威效应则可以在很大程度上影响和改变人们的行为。对商业而言，利用权威效应，可以扩大自己的知名度，推进产品或服务的销售。如许多商家在做广告时，往往高薪聘请知名人物做形象代言人，或者以有影响的机构认证来突出自己的产品，以达到增加销售量的目的。销售人员也完全可以利用权威效应，来获取顾客的信任，进而推进自己的销售活动。

孙玲是医疗器械的销售人员，一次，她去拜访一个准顾客。对方是一个心思极为缜密的人，所以孙玲在向对方做产品介绍的时候，讲解得特别详细。在回答顾客的咨询时也回答得比较有条理，同时还把顾客的意见用小本子记录下来。

在交谈过程中，孙玲发现顾客对自己的产品质量持有很大的疑虑，于是，她又给顾客提供了一份产品的市场调查报告，使对方了解自己产品的真实销售情况。对于这一点，孙玲很是自信，因为本公司的产品销量确实很好，在市场上也有一定的名气，对顾客也很有说服力。

此外，为了让顾客深信不疑，孙玲还把产品的认证证书及很多权威专家的推荐拿给了顾客，最终权威的推荐和认可让对方消除了心中的疑虑，很放心地购买了产品。

在权威效应的影响下，生活中的很多人喜欢购买各种名牌产品，因为它们有明星的代言，有权威机构的认证，有社会的广泛认同，这样就可以给自己带来很大的安全感。

在一定程度上，权威代表着社会的认同，代表着绝大多数人的意见，这样，在其强大的影响力下，人们会变得很顺从，不敢向权威发起挑战。因此，销售人员在销售过程中如果能够巧妙地应用权威的引导力，则能够对销售起到很大的促进作用。当然，销售人员也要正确合理地运用这种优势，而不能贪图眼前的利益弄虚作假欺骗顾客，这样必然会带来严重的后果。

同时，这种情况也启示销售人员要努力提升自己，使自己成为一个专业化、顾问式的销售人才，这样才会在解答顾客的疑虑时自信、专业，也因而更容易取信顾客，促使顾客下决心与自己做交易。

人性效应：人性要远比交易更重要

销售人员在销售活动中，一定要谨记：人性要远比交易更重要。这提醒销售人员，在销售过程中，要做一个让顾客称道的人，而不是只想把商品推销出去的人。

让顾客称道，就是获得了顾客的认可。获得了顾客的认可，自然也就取得了顾客的信任，而取得了顾客的信任，交易也就成了自然而然的事。从这个角度上看，销售人员要先站在顾客的角度，真正为顾客着想，然后再想着去做交易。

美国寿险奇才巴哈推销成功的秘诀是：成全顾客，使顾客在他身上得到的利益大于他从顾客身上得到的利益。他说："你应该设身处地为顾客着想，为他设计最适合的保险，只要你使他觉得你的服务不同凡响，你就处在有利的地位了。"

巴哈说到做到，有一次，有一个顾客对他说："我要为我自己买5000美元的寿险，我还要为我的太太与三个小孩子各买1000美元的寿险。"

巴哈知道顾客的想法有些偏差，他为了顾客的利益，立刻动口纠正，他告诉顾客说："寿险的目的是要当父亲的去保护孩子，而不是要子女去保护父亲。"最后，顾客接受巴哈建议，只为自己买了5000美元的寿险。

虽然这笔生意的金额减少了，但这位顾客成为了巴哈忠实的客户。

销售人员必须处处考虑顾客的利益，把顾客的利益放在心中，并从这一点出发，给顾客提供有利的建议，赢得顾客的信赖，最终达成交易，并实现双方互赢。

很多销售人员因为过于关注自己的利益，却忽视了顾客的利益，没有真心为对方着想，这是非常错误的想法。要知道，任何一位顾客都是在自身需求得到满足后才会考虑成交的，如果销售人员不能做到这一点，想要成功销售出去产品将会变得非常难。

相反，如果销售员肯为顾客的利益着想，在推销产品前，为顾客设身处地地着想，那么情形可能就变得不一样。看下面销售员与顾客的一番对话：

顾客："我们医院没有使用过你们公司生产的仪器，不知道你们的产品质量如何?"

销售员："请您放心，我们公司产品的质量和服务是可以信赖的，我们之所以能在众多的竞争对手之中保持很强的竞争力，就是靠我们公司产品一贯的高质量和良好的售后服务，这一点与我们有过合作的许多大顾客都可以证明。另外，合作伙伴取得的高效能业绩与长期坚持使用我们公司的产品有着密不可分的关系。"

顾客："嗯，好，这一点我们暂且不去讨论，先暂定你们公司的产品质量是一流的，可你们的产品价格比其他同类产品价格高，这该如何解释?"

销售员："确实，我们一些产品的价格要略高于其他同类产品，这是因为它们具有更卓越的性能，有着更可靠的质量保证。我想，凭借贵医院的雄厚实力和良好口碑，再加上我们先进仪器的帮助，可以令贵院工作效率大幅提高，而且也有利于贵院的品牌延伸，这样就形成了良性循环，对贵院的益处非常大。特别是从长远来看，这种益处更大。"

顾客："嗯，不错，是这样，谢谢你为我们着想。这样，把产品说明书给我再看看，没有大问题的话，我们就可以签约了……"

这个销售员站在顾客的角度，为顾客的利益着想，剖析了产品对顾客的利益，最终取得了顾客的好感和信任，达成了交易。

只有在取得了顾客认可的情况下，顾客才会去考虑购买产品，合作才可能长久。因此销售人员在销售时，一定要站在顾客的角度真心为顾客想一想，这样就能兼顾到顾客的利益，也才能将销售进行下去。

那么，在销售的过程中，销售人员如何才能让顾客感觉到自己在为对方着想，并努力与其建立起一种合作共赢、长久合作的友好关系呢?可参考下面几点：

（1）保持正确的态度

对于销售人员而言，销售业绩的好坏一定程度上取决于个人的态度，而态度的呈现则来自个人的人生观。事实上，没有哪个销售人员喜欢不停地服务顾客，也不会有人真的很愿意帮助顾客。可是每个顾客都渴望你对他们有所帮助。基于这种心理，销售人员只要能主动地为顾客着想，提出贴心的建议，加强沟通，最终就极有可能打动顾客，做成交易。

（2）打造属于自己的优质“个人品牌”

这条建议的最终目的是，让更多的人认可你。只要你建立了自己的个人品牌，顾客就会主动打电话给你。“个人品牌”是创造顾客忠诚度的最佳途径。因此，销售产品之前，要先销售自己这个品牌，让顾客认同你这个人，最终购买你的产品。

（3）扩展自己的人脉关系网

很多销售员认为拓展人脉太费时间，因此不愿把自己的时间奉献于人脉拓展；有些销售员认为人脉拓展并不能带来更多的利润；有些销售员认为“陌生开发”才是达到销售目标的最好方法，这些想法都是错误的。在现代这个讲究人情的社会，销售一定程度上就是在拼人脉网络，有了人脉，生意就好做了，而没有人脉，生意就很难展开。因此，要学会利用人脉获取更多顾客的信任，提高自己的知名度。

销售工作很复杂，它绝不是简单的你买我卖的一个交易，它需要你投入宝贵的时间去服务你的顾客，需要你投入你的真诚，你的友善，去感化你的顾客。很多时候，顾客在选择与你合作时，并不是因为你的产品比别人家的产品好，而是因为他们认可你的人，爱屋及乌，他们最终才会选择你的产品和你的服务。

退让效应：以退为进更易获得顾客信任

很多时候，退是一种很有效的策略，表面上看，是做了让步，不再坚持原来的要求，但是却产生了“进”的效果。由于在形式上采取了退让，使对方能从己方的退让中得到心理满足，不仅思想上会放松戒备，而且作为回报，对方也往往会满足己方的某些要求，而这些要求一定程度上也满足了对方的需求，这就是所谓的“退让效应”。

在销售活动中，大可以利用“退让效应”来取得顾客的妥协和顺从，达到自己的销售目的。

一个十几岁的小女孩，在街上兜售玫瑰花，她拦住了一个年轻的小伙子：“大哥哥，买一束玫瑰送给女朋友吧！一束10支，只卖50元。”

小伙子摇摇头说自己没有女朋友，不需要买玫瑰花，说完就要离开。小女孩又拦住他：“大哥哥这么英俊。肯定有女孩子喜欢。既然你不想买一束玫瑰花，那就买一支吧，才5元钱。”

小伙子觉得小女孩挺有意思，笑着对她说：“买一支我也不知道送给谁啊，你还是卖给别人吧。”小女孩没有罢休：“大哥哥，既然你不想买玫瑰花，那就买几块巧克力吧！1元钱一块，很好吃，也很实惠的哟。”

小伙子有些动心了，因为小女孩一再退让，如果自己再拒绝，心里就会觉得不安了。于是他也退让一步，花两块钱买了两块巧克力。而买过以后，他才想起自己根本不喜欢吃巧克力。

在这个例子中，小伙子在小女孩的一再退让下，由原来的拒绝渐渐地变成了接受和顺从，为什么会发生这样的变化呢？这是因为小女孩的一再退让给小伙子造成了一定的压力，对方已经做出了让步，作为回报，自己也应该有所让步，而不能拒绝到底。因此，小伙子也做出了让步，最终购买了两块自己并不喜欢吃的巧克力。

这样的心理效应启示销售人员，如果你想要别人答应你的某种请求，你可以先提一个比较大的、难以做到、对方有可能拒绝的请求，然后在对方拒绝之后，再把你真正的请求提出来，这样就相当于你向对方做出了让步，而对方碍于情面也对你做出相应的让步，因此，往往会答应你“退一步”的要求。试想一下，如果没有之前的退让，而直接提出来，遭受拒绝的可能性是非常大的。

再看下面这个事例：

某家电公司派两名推销员去临近小区推销一款价格昂贵的电视机，结果推销员小路失败而归，一台也没有卖出去，而推销员小胡则凯旋而归，卖出25台电视机。为什么会出现这么大的差距呢？

原来，推销员小路为了实现销售使尽了浑身解数，想凭借自己的三寸不烂之舌，说服顾客购买自己的商品，但是绝大多数顾客都因为价格太高而婉言拒绝，有的顾客说考虑考虑，也只是为了敷衍，而不是真心想购买，因此，小路没有成功卖出一台电视机。

而推销员小胡知道销售这样的商品很难，必须采取一定的策略。因此，他在上门拜访顾客的时候，先向顾客介绍的是另外一款更加高档和昂贵的电视机，等顾客拒绝以后，他才说出自己真正要销售的这种电视机，并说：“既然您觉得那一款太过昂贵，我们还有一款电视机在功能上也很先进，但是价格会便宜很多，您是否可以考虑一下？”就是在这样的拒绝、退让之中，顾客觉得对方已经做出了让步，自己也不好再拒绝接下来的请求，于是很多顾客都同意了购买其产品。

推销员小胡利用“退让效应”，主动做出让步，从而诱使顾客也做出让步和牺牲，最终促使顾客和自己达成交易。

“退让效应”有一个很重要的妙处，就是一定程度上能够取得顾客的信任。在销售人员做出适当让步的情况下，顾客往往会这样想：人家都做出了这么大的让步和牺牲，可见人家是非常有诚意做这项交易的，我也不能辜负这份诚意。就是在这样的自我心理暗示下，顾客也相应做出了让步和牺牲，最终在双方的让步下，达成了交易。

总之，在销售活动中，销售人员要学会利用“退让效应”给顾客施加心理压力，让顾客在感知你诚意的情况下，“义务”性做出让步，从而与你达成交易。

SALE

中　篇

销售过程中的心理攻势

——让顾客跟着你的思维转圈

在销售的过程中，顾客出于种种心理，会有多种不同的表现。面对这些根源于不同心理的表现，销售人员要透过现象看其本质，以缜密的思维揣测出顾客的心理动机，以多变的暗示技巧引导顾客的消费思维，最终让顾客跟着你的思维转圈。

第四章

初次接触，透过“身体语言”探查顾客内心秘密

在了解商品或购物的过程中，由于种种原因，顾客会不由自主地做一些小动作，如皱眉、噘嘴、双腿不断抖动，这些“身体语言”会透露出顾客隐藏在心中的一些小秘密。作为销售人员要知晓这些“身体语言”背后潜藏的秘密，并能正确解读它们，这对于打开顾客的话题，加强和顾客的沟通，促进销售实质性发展，有着非常重要的意义。

从头部动作了解顾客内心秘密

人的情绪复杂多变，表现在外也是变化多样，且各有不同。虽然这样，但还是有一定的规律可循，可以从一些微妙的表情和动作来窥测其内心情绪的变化。

头部是人体活动最频繁的部位之一，也是蕴含人内心丰富想法的器官之一，点头、摇头、抬头、歪头、低头等都有可能传递着动作实施者其内心的真实情感和态度。通过这些富含意义的头部动作，销售人员可以洞察顾客复杂的内心世界。

常见的头部动作以及所表达的含义如下：

（1）将头部垂下成低头的姿态

这个动作，常常蕴含的信息是，“我在你面前压低我自己”。

（2）突然把头低下，以隐藏脸部

这个动作常表示了动作实施者的谦卑与害羞。

（3）压低下巴

这个动作意味着否定、审慎或者具有攻击性的态度。

（4）抬头

这个动作是当人们对谈话内容持中立态度时，常常做出的动作，是对方有意投入的行为。

（5）头部高高昂起，同时下巴向外突出

这个动作行为通常显示出施者强势、无畏或者傲慢的态度。

（6）头部猛然上扬然后回复

这个动作往往表示“我很惊讶会见到你”。

（7）摇头

通常表达的是否定的态度。

（8）摇晃头部时

这个动作常常表示：说话者正在说谎而且试图压抑住要表示否定的摇头动作。

（9）晃动头部

这个动作常被用来表示惊奇或震惊。

（10）点头

这个动作在大多数时候都是用来表示肯定或者赞成的态度。在交谈的时候，通过点头的频率还能够推测出聆听者的耐心程度。

（11）缓慢地点头

这个动作常常表示聆听者对谈话内容很感兴趣。

（12）快速地点头

这个动作是在告诉说话人，他已经听得不耐烦了，或者是催促说话人马上结束自己的发言，以便给他一个表达观点的机会。

（13）头部僵直

这个动作常表示他是如此的有分量且毫不惧怕，或者代表了内心的无聊。

（14）头部从感兴趣之点往侧面方向移开

这个动作属于一项保护性的动作。

（15）头部从兴趣之源缩回

这是个回避的动作。

（16）头部后仰

这个动作是势利小人或非常自信之人鼻子朝天的姿态。

（17）头部低垂

这个动作表示动作者深觉厌倦。

（18）把头部向一侧倾斜

这个动作表示了一种顺从。这个姿势不仅暴露出人的喉咙和脖子，还会让人显得更加弱小和缺乏攻击性。

头部的动作既可以反映出一个人内心真正的心理活动，也可以影响别人对其形成的印象和判断。作为销售人员，在与顾客的接触和交谈中，要努力通过顾客的头部动作来了解顾客的内心世界，为后面的销售活动增加可利用的“砝码”。同时，也要尽量避免自己被自己的头部动作“出卖”。

从眼神了解顾客内心秘密

眼睛是心灵的窗口，也是泄露秘密的“门户”。一个观察力很强的人可以从他人的眼神中发现很多问题，虽然对方未曾说过一句话。

实际上，通过眼神看透人的内心世界是符合科学的。当我们的眼睛在看一些东西的时候，通常会表现出各种眼色表情，眼球的运动模式及角度将会透露出一些内心的信息。也就是说，不管一个人的心里正在打什么主意，他的眼睛都会立刻忠实地告诉别人。

在销售活动中，顾客的眼神很可能透露出其隐藏的性格和内心深处的想法。下面是常见眼神所包含、代表的不同含义：

（1）眼睛流露善意

这种眼神代表了拥有人积极乐观，心存慈悲。

（2）眼睛横竖

拥有这种眼神的人性情通常很刚烈。

（3）眼珠暴突

有这样眼神的人性情往往很凶恶。

（4）眼神坚毅

这种眼神代表了信心满满。

（5）眼神明澈

这种眼神表示了为人正直、坦荡，心胸博大。

（6）眼神狡黠、阴险

这种眼神通常表示拥有者为人做作、心胸狭窄。

（7）眼光坚定

这种眼神代表了拥有者志怀高远。

（8）眼光游离

这样的眼神代表了为人轻浮。

（9）眼神深邃内敛

这样的眼神往往表示拥有者善于克己。

（10）眼神暴露

这样的眼神代表了拥有者心存贪婪。

（11）眼神不定

这样的眼神说明拥有者喜欢撒谎。

（12）眼睛明亮有力、转动灵活、目光清晰

这是健康、精力充沛的表现。

（13）眼睛乏力无味、目光呆滞而混浊

这样的眼神代表了疲惫不堪。

（14）眼睛斜视不语

这样的眼神代表了拥有者心怀妒忌不满。

（15）瞄上一眼后，闭上眼睛

这是一种“我相信你，不怀疑你”的身体语言。

（16）闭上眼睛后，再睁眼望一望，如此不断反复

这是尊敬与信赖的表现。

（17）眼睛上扬

这个动作属于假装无辜的表情，似乎是当事人意欲证明自己确实无罪。

（18）眼珠转动迟缓

这个动作通常表示当事人感情起伏少，受他人影响较小。

（19）频繁眨眼

这个动作表示当事人感受性强人一倍，可能有神经质的个性。还表示当事人经常焦虑，精神过度疲劳，身体状况不佳。此外，还显示当事人头脑清晰有能力，但黏着力及忍耐力不足。

（20）目光闪烁不定

有这种眼神的人往往缺少对事情深思的能力，属于浮躁的冲动派，通常情况下不被信任，有撒谎的倾向。

（21）目光不盯着一处不动

这种眼神表示当事人精神不安定，烦躁不安，且内心深处有怨怒之气。

（22）眼睛往上吊

这种眼神往往预示着当事人心里藏着不可告人的秘密。拥有这种眼神的人性格消极厌世，眼睛不敢正视对方。

（23）眼睛往下垂

这个动作有轻蔑对方之意，或者就是不关心对方。有这种眼神的人通常个性冷森，本质上只为自己着想，属于自私、任性的人。

总之，眼神就是人内心活动的一面镜子，可以真实地反映内心的秘密。而且，不同的眼神蕴含着不同的含义。了解并熟记这些常见眼神所代表的含义，一定会有助于你了解顾客的内心世界，增强你与顾客的沟通，从而给你的销售工作提供很大的帮助。

从口鼻了解顾客内心秘密

口鼻也是人内心的“门户”，是人内心情绪变化的“晴雨表”，因为人内心的情绪稳定与否，势必会引起呼吸的变化，并进而引起口鼻的变化。因而从一个人口鼻的变化能准确地把握对方的心理。

对于一个销售人员来说，要学会通过观察顾客的口鼻来洞悉其心理活动。下面揭示了口鼻与内心情绪变化的秘密：

（1）把嘴抿成“一”字形

代表当事人是个坚强的人，有很强的意志力。

（2）张开嘴而合不上

说明了当事人是个意志不坚定的人。

（3）嘴唇往前空撅

这是一种防卫心理的表示。

（4）时常舔嘴唇

往往代表着内心压抑着因兴奋或紧张所造成的波动。

（5）经常口干舌燥或舔嘴唇

代表当事人是个爱说谎的人。

（6）非困倦时打呵欠

有想暂时逃避的嫌疑。

（7）交谈中，嘴唇的两端稍稍有些向后

通常表明对方正在注意倾听，而且对谈话内容极有兴趣。

（8）下嘴唇往前撅

表明当事人对接受到的外界信息持有怀疑态度，并且希望能够得到肯定的回答。

（9）用上牙齿咬住下嘴唇，或是用下牙齿咬住上嘴唇以及双唇紧闭

表明当事人正用心地听另外一个人的讲话，可能在心里仔细地分析对方所说的话，也可能对方在自我谴责，自我解嘲，甚至自我反省。

（10）皱鼻子

表示当事人很厌恶。

（11）歪鼻子

表示当事人不信。

（12）鼻子抖动

表示当事人紧张。

（13）哼鼻子

有排斥的意味。

（14）不经意用手抚摩鼻子

有想骗人的嫌疑。

（15）用手捏鼻梁

表示在思考难题或极度疲乏。

（16）常用手指挖鼻孔

表示厌倦感或遭遇到了挫折。

（17）触摸自己鼻子的动作

被视为自我安慰的信号。

（18）鼻子胀大

通常情况下，人的鼻子胀大意味着愤怒或者恐惧。原因在于当人处在兴奋或紧张的状态时，呼吸和心脏跳动会加速，就会产生鼻孔扩大的现象。

（19）交谈中，鼻头冒出汗珠

说明对方心理焦躁或紧张。

了解这些口鼻变化与内心情绪变化的秘密，有助于销售人员及时发现顾客情绪的变化，揣摩顾客的好恶以及价值取向，为进一步加强与顾客的沟通奠定良好基础。

从双手了解顾客内心秘密

在语言发明之前，人类曾利用身体各个部位进行非语言交流。在有了语言之后，最初的肢体语言，除了手势外，其他的逐渐都废弃不用了。这说明了手势在交流中的巨大作用，而不仅仅是语言的点缀。即使在现代社会，聋哑人还需要用手势表达自己的思想感情，以及与他人进行沟通。

从另一个角度讲，可以通过手的动作来了解操作者的内心世界，销售人员也完全可以通过顾客的手部动作来窥知顾客的性格特征以及内心秘密。下面是常见的手部特征及动作所透露的人的心理：

（1）习惯于用右手做事

习惯于用右手做事的人，左半脑多比较发达，在他们的性格中，理性的成分要多于感性，做事有条理，逻辑性强。

（2）习惯于用左手做事

习惯于用左手做事的人，右半脑多比较发达，在他们的性格中，感性的成分往往要多于理性。

（3）拥有修长纤细的手指

有修长纤细手指的人大多是相当敏感的，他们的感情很丰富，但是性格却很脆弱。

（4）具有短且粗的手指

具有短且粗的手指的人多是积极的，肯负责任的。他们的性格比较固执和顽强，多选择一些力量和判断力敏感度很高的职位来做。

（5）喜欢留长指甲

一般来说，喜欢留长指甲的人的占有欲望是很强的，并且随时做好了争取的准备，只要时机一到，就会立即付诸行动。

（6）经常把手指合在一起

经常把手指合在一起的人经常处在一种非常矛盾的状态当中，理智和情感总是在不停地交战。

（7）用手指扭头发

这一肢体语言通常表示这个人很紧张，缺乏必要的安全感。

（8）习惯于用手指挖鼻孔或是掏耳朵

习惯于用手指挖鼻孔或是掏耳朵的人，在思想上还不是特别成熟，有些时候会有些相当幼稚的表现。

（9）喜欢用手对所说的话进行补充、解释和说明

喜欢用手对所说的话进行补充、解释和说明的人的性格中感性成分往往要丰富一些，有一些多愁善感，很能引起其他人的注意。

（10）手心干燥和手心潮湿

手心干燥的人的性格一般比较开朗，但也有可能表示他对此次会面没有什么特殊的兴趣；手心潮湿的人性情比较内向，或当时情绪十分紧张或恐慌。

（11）握手时手心朝上或手心朝下

这类人一般性情柔顺，易于相处；手心朝下的人好争强好胜，不肯服人。

（12）喜欢伸出手指与人握手

这类人往往精于世故、吝啬贪婪，喜欢居高临下，蔑视他人。

（13）交谈时喜欢十指交叉

十指交叉是一种典型的本能防御姿态，说明对方可能受过严重的伤害，存在一定的心理阴影。

（14）喜欢用双肘支撑双手交叉

这个行为通常说明对方充满自信，对眼前的形势把控十足。

（15）将十指相对做成尖塔形状

通常可以说明他只是对你所说的话感兴趣，而绝不是对你这个人感兴趣。

（16）不停用手碰鼻尖

这个行为表示对方内心犹豫不决，不能对当前需要做出决断的事情做出明确决断。

（17）交谈中，不停用手搔头

这个行为表示对方已经出现烦躁不安的情绪。

（18）用手在面部摩挲

这个行为表明对方对谈话的内容心不在焉，没有任何兴趣。

俗话说“十指连心”，而心是主管神明的。所以，完全可以通过一个人说话时手势的变化，捕捉到人的内心想法及变化。销售人员在与顾客接触或交谈时，要多注意观察对方的手势变化，以便及时了解顾客的心理及情绪。

从“眉语”了解顾客内心秘密

心理学家认为，眉毛的动作是人一种与生俱来的动作，人们早在远古时期就已经开始用轻抬眉毛这一动作向距离自己稍远的人打招呼，以示问好。发展到今天，眉毛动作已经变得非常丰富了，不再仅仅限于向人打招呼表示问候了。

更为重要的是，通过“眉语”人们不仅能够传达出很多意思，还可以彼此进行交流。古人将眉毛称为“七情之虹”，就是因为眉毛可以表现出不同的情态。实际上，这也就告诉人们可以通过分析对方的“眉语”，来探查对方内心的想法，这种行为被称为“察眉”。

在销售的过程中，销售人员可以通过“察眉”了解到顾客的心理变化，洞察顾客心中的真实情感。

周俊在一个商务酒会上和一个准顾客谈妥了一桩生意。早在去参加酒会之前，他就做好了充分的准备，把所有相关资料都牢记于心，做到心中有数。等到了酒会上以后，他积极主动地和目标顾客周旋，双方进行了一番颇为开心的交谈。

等到酒足饭饱之后，周俊开始向顾客推荐他的产品。他看见顾客虽然嘴上一个劲儿地说“休息时不谈工作”，表面上一副不在意的样子，可当听到他说出的优厚条件后，两条眉毛很明显地向上扬了扬。这个举动虽然很快从对方脸上消失，但是却被他成功地捕捉到了，他知道自己的这桩生意有戏。果然，酒会结束后，这笔生意谈妥了。

不同的“眉语”表达了不同的心理变化，下面是常见的四种“眉语”所透漏出的人内心的不同变化。

（1）眉毛扬起

眉毛的这个动作，表示高兴的神态和心情。具体状态是双眉扬起，略向外分开，眉间皮肤伸展，使眉间短而垂直的皱纹拉平，而整个前额的皮肤向上挤紧，造成水平方向的长条皱纹。如果销售人员推荐的商品正合顾客的口味，顾客就会眉开眼笑，眉毛就会扬起，表示内心的欣喜和愉悦。

如果顾客是一条眉毛上扬，一条眉毛下降，则表示心中有疑问，透露出对销售人员介绍的商品心存怀疑或者还有不理解的地方。此时，销售人员需要进一步证明或者加以解释。

（2）眉毛皱起

具体表现是：双眉皱起，脸部也跟着上扬，额头出现长长的水平皱纹。这样的“眉语”表示内心不高兴、不耐烦，或者很为难。如果是顾客做出这样的动作，则说明他对销售人员说的话或者推销的商品不太满意，很不喜欢，而且还透漏出不愿意再听销售人员说下去，有很强的抗拒心理。这种情况下，销售人员要及时打住话头，或者改变话题。

（3）眉毛耸立

具体表现是：眉毛上扬，停留一会儿又降下，同时伴有撇嘴的动作，这样的“眉语”表示厌烦和不欢迎，有时也表示无奈。如果是顾客做出的动作，可能代表了他以前有过不愉快的经历，或者购买过不好的同类产品，如果你恰好在推销此类产品，他自然就会产生抗拒心理，耸眉，露出不愉快的表情，并表示不愿意接受。这种情形下，销售人员要保持冷静，对顾客的心理要表示理解，并尽快用最有力的保证去说服顾客。

（4）眉毛闪动

具体表现是：眉毛上扬，又立刻降下，像闪电一划而过，同时还伴着扬头和微笑的动作。这样的“眉语”是惊喜的一种表现，表示眼前一亮，对对方的到来表示很欢迎。如果顾客有这样的表情，那么预示着产品或者服务获得了他的认同，成交是很有希望的事情了。这个时候，销售人员要趁热打铁，促成交易。

实际上，“眉语”绝不仅仅只是上述的这四种，除了这四种“眉语”外，还有很多含义深刻的“眉语”，如眉开眼笑、眉飞色舞表示喜悦或得意的神态；双眉紧蹙表示内心的忧愁；横眉表示愤怒；愁眉表示内心的苦闷等。

销售人员要善于通过顾客的各种“眉语”来了解其内心的心理变化，并在此基础上，取得交谈的先机，引导谈话朝着有利于自己的方向发展。

从坐姿了解顾客内心秘密

不知你发现没有，有很多人进入餐厅或者坐公交车，总喜欢选择相同的位置坐？究其原因，与人的心理因素有关。如果说选择座位与人的心理因素有关，那么，坐姿则更表现了一个人的个性以及他内心的想法。可以从一个人坐的方式、坐的姿势中，窥探出这个人是个什么样的人以及他内心的心理动向。

下面是不同的坐姿所透露出的人的不同心理：

（1）温顺型的坐姿

具有温顺性格的人坐着时喜欢将两腿和两脚跟紧紧地并拢，两手放于两膝盖上，做得端端正正。这种人一般性格内向，为人谦逊，对于自己的情感世界很封闭。

（2）坚毅型的坐姿

具有坚毅性格的人坐的时候喜欢将大腿分开，两脚跟并拢，两手习惯于放在肚脐部位。这种人通常富有勇气，也有决断力。

（3）羞怯型的坐姿

羞涩的人坐的时候喜欢把两膝盖并在一起，小腿随着脚跟分开成一个“八”字样，两手掌相对放于两膝盖中间。这种人特别害羞，多说一两句话就会脸红，他们最害怕的就是让他们出入社交场合。他们感情非常细腻，但很多时候并不温柔。

（4）自信型的坐姿

对自己自信的人坐的时候通常将左腿交叠在右腿上，双手交叉放在腿跟两侧。这类人有较强的自信心，非常坚信自己对某件事情的看法。

（5）古板型的坐姿

古板型人坐着时喜欢两腿及两脚跟并拢靠在一起，双手交叉放于大腿两侧。这类人为人古板，从不愿接受别人的意见，有时候明知别人说的是对的，但他们仍然不肯承认，却偏要坚持己见。

（6）冷漠型的坐姿

冷漠型人坐的时候通常将右腿交叠在左腿上，两小腿靠拢，双手交叉放在腿上。这种人给人的感觉非常和蔼可亲，很容易让人接近，但事实却恰恰相反。

（7）悠闲型的坐姿

休闲型人喜欢半躺而坐，双手抱于脑后，一副怡然自得的样子。这种人性格随和，与任何人都相处得来，也善于控制自己的情绪，因此较容易能得到大家的信赖。

（8）重重地坐下去

表明此时的心情一定是烦躁的。

（9）轻轻地坐下去

表明此时的心情一定是平和的。

（10）侧身而坐

表明此时的心情除了舒畅外，还觉得没有必要给你留下什么更好的印象。

（11）猛然坐下

表明其内心或隐藏着不安，或有心事不愿告诉你。

（12）双腿不断相互碰撞或不断地拍打地板

表明此时一定有什么事使他紧张和焦躁。

（13）喜欢与人对着坐

这个行为表明他希望能够被对方理解。

（14）喜欢与人并排坐着

这个行为表明他认为与对方有共同感。

（15）有意识从并排坐改为对着坐

这个行为表明或是对谈话对象抱有疑惑，或是对对方有了新的兴趣。

（16）有意识挪动身体

这个行为表明想在心理上与对方保持一定的距离。

不同的坐姿体现了不同的心理，学会通过坐姿来了解人的心理是一种能力，也是一种改善人际关系的手段。销售人员要学会这一本领，通过顾客的不同坐姿了解顾客的性格特征和心理动向，这对改善与顾客的关系、加强与顾客的沟通非常有益处，有的时候甚至能帮上大忙。

从站姿了解顾客内心秘密

每个人都有自己习惯的站立姿势，但就是这样独属于自己的站姿却可以“出卖”你内心的秘密。美国夏威夷大学心理学家指出：不同的“站姿”可以显示出一个人的性格特征以及当时的心理动向。也就是说，一个人的厌恶喜好、生活习惯、起居饮食、以及意识倾向都可能会通过他的站立姿势表现出来。

正由于此，销售人员可以通过顾客的站姿来了解、掌握顾客的性格特征以及心理动向，获取有利于与顾客交流的信息。

下面是不同的站姿所透露出的人的不同心理：

（1）领导型站姿

这种站姿通常表现为挺直腰板，背手站立。这种人通常是自信力非常强的人，喜欢控制和把握局势，或自恃是居高临下的强者。若一只手抓住另一只手的手臂，则可能是在压抑自己的愤怒或其他负面情绪。

（2）自信型站姿

这种站姿是习惯于两手插腰而立。这是具有自信心和精神上优势的表现，属于开放型动作。对面临的事物没有充分心理准备或缺乏自信时决不会采用这个动作的。

（3）社会型内向的站姿

这种站姿表现为双脚自然站立，左脚在前，左手习惯于放在裤兜里。这种人的人际关系较为协调，他们从来不给别人出什么难题，为人敦厚笃实。

（4）思考型内向的站姿

这种站姿表现为双脚自然站立，双手插在裤兜里，时不时取出来又插进去。习惯于这一类站姿的人，大多比较小心谨慎，凡事都喜欢三思而后行，如果让他们决定做一件事，你要先给他们一份计划，否则他们会拖很长时间也做不了决定。

（5）抑郁型的站姿

这种站姿通常表现是两脚交叉并拢，一手托着下巴，另一只手托着这只手臂的肘关节。这种人多数是工作狂，他们对自己的事业颇有自信，工作起来非常专心。废寝忘食的行为对他们来说是家常便饭。

（6）服从型的站姿

这种站姿通常表现是两脚并拢或自然站立，双手背在身后。这类型的人与别人一般都相处比较融洽，可能很大的原因是由于他们很少对别人说“不”。他们在工作中不会有什么开拓和创新的精神，甚至踏实到毫无反对意见的地步。

（7）攻击型的站姿

这种站姿通常表现是常常将双手交叉抱于胸前，两脚平行站立。这是很有自信心和心理上优势的表示。这类人的叛逆性很强，时常忽视对方的存在，具有强烈的挑战和攻击意识。若加之脚尖拍打地面的动作，则暗示着领导力和权威。

（8）古怪型的站姿

这种站姿通常表现是常常将双脚自然站立，偶尔抖动一下双腿，双手十指相扣在腹前，大拇指相互来回搓动。这种人的表现欲望特别强，喜欢在公共场合大出风头。如果什么地方要举行游行示威，走在最前面的，扛着大旗的多数就是这种人。

同坐姿一样，站姿亦可透露出一个人诸多的内心秘密，销售人员一定要洞悉站姿与人心理的关系秘密，凭借这些关系秘密，及时了解顾客的性格特征和心理动向，改善、加强与顾客的沟通，促进与顾客的交流，推动交易向前发展。

从笑声了解顾客的内心秘密

笑声是一种蕴含丰富的“语言”，可以传递出诸多的情感。笑有很多种，有微笑、有苦笑、有冷笑、有开心地笑，还有痛苦地笑，等等，不同的笑代表着不同的含义。而不同的人笑的习惯也不一样，有的人笑得爽朗，有的人笑得含蓄。即使是同一个人，在不同的场合和氛围之中笑的形式也是大有区别的。

销售人员在与顾客的交往中，顾客也会有很多发笑的时候，销售人员只有善于观察和分析，才能够发现各种笑声背后隐藏的真正含义，从中解读出顾客的内心，把握顾客传递出来的信息。

（1）含笑

含笑是一种程度最浅的笑，具体表现是：不出声，不露齿，仅是面含笑意。含笑透漏出的意思是表示愿意接受对方，待人友善。一般的顾客为了表示礼貌，都会含笑对待销售人员，即使不喜欢销售人员的商品也不至于怒目而对。

（2）微笑

微笑是一种比含笑的程度稍微深一些的笑。它的特点是面部已有明显变化：唇部向上移动，略呈弧形，但牙齿不会外露。微笑属于一种典型的自得其乐、充实满足、知心会意、表示友好的笑。在人际交往中，其适应范围最广。顾客对销售人员微笑，说明顾客是友好的，易于接近的，特别是一向严肃的顾客如果某一次终于对你报以微笑，那么成交的可能性就很大了，你要努力抓住这个好机会，促成交易。

（3）轻笑

轻笑比微笑的程度更深。特征是面容进一步发生变化：嘴巴微微张开一些，上齿显露在外，不过仍然不发出声响。它表示出内心的欣喜、愉快，多用于会见亲友、向熟人打招呼，或是遇上喜庆之事的时候。轻笑的顾客表示他很愿意见到你，或者对你的商品很感兴趣，有愿意接受的心理。

（4）浅笑

浅笑俗称抿嘴而笑，表现为笑时抿嘴，下唇大多被含于牙齿之中，多见于年轻女性表示害羞之时。在销售中，浅笑往往表示顾客说错了话，或者因为某些话题让人不好意思而显示出的一种害羞，这通常表明销售人员已经获得顾客的好感，被顾客所认同。

（5）大笑

大笑是程度很深的一种笑，特征是面容变化十分明显：嘴巴大张，呈现为弧形；上齿和下齿都露在外，并且张开；口中发出“哈哈哈”的笑声，但肢体动作不多，多见于欣逢开心时刻，心情欢快，或是高兴万分。

在销售中，大笑表示顾客很尽兴，或者内心充满极大的愉悦，这时销售人员适时地提出成交要求，则很可能会获得成功。

（6）苦笑

苦笑一般出现在遇到比较为难又无法解决的时候，表现了人内心的一种无奈和痛苦。在与销售人员的谈判中，如果销售人员给了顾客很多的压力或者条件很苛刻，顾客一时难以做出决定，就会表现出无奈的苦笑。

这个时候，销售人员不宜再给顾客施压，否则很可能使交易走向失败，而应该真诚地为顾客提供解决的方案，帮助顾客寻找两全其美的方案，解除顾客的无奈和痛苦，才会得到顾客的感激和信任。

（7）掩嘴笑

这种笑，往往出现在发现别人犯了不该犯的小错误，或者做出比较怪异的动作、说出不合常理的话，而偷偷发笑，这种笑并没有嘲讽的意思，而是充满了善意。在销售中，如果销售人员的讲解或者认识显得比较肤浅和幼稚时，可能就会引起顾客掩嘴而笑。这样的顾客往往知识比较渊博、思维灵敏、比较大度、富有涵养，在销售人员面前会表现出一种优越感和成就感。

当发现顾客掩嘴偷笑时，销售人员不必感到尴尬，可以用幽默的方式进行自我解嘲，反而会让自己显得可爱，也会借此拉近彼此的距离。

（8）皮笑肉不笑

这种笑是一种很轻蔑地笑，表示对他人不屑一顾，或者对他人的观点不认同，多出现在比较严肃的顾客身上。如果销售人员所推荐的商品或者所说的话无法赢得顾客的信任时，顾客就会报以不以为然的笑。

面对顾客的这种笑，销售人员不必灰心和失望，而应该积极地寻找突破口，改变话题，引起顾客的兴趣，并用翔实而有力的证据说明自己商品的信誉度，进而使顾客相信并接受自己的观点。

销售要懂点心理学

不同的笑声反映出人不同的心理，也反映出了人不同的性格。对销售人员而言，要了解顾客不同笑声背后隐藏的真意，借以帮助自己了解顾客的性格和心理特征。

第五章

换位思考，摸清顾客的消费心理

在销售过程中，销售人员会发现顾客形形色色、多种多样，其消费心理更是千差万别，千奇百怪，有些想法甚至匪夷所思。这种情况下，只有了解、掌握了顾客的消费心理，才能更好地采取销售措施，促进交易向前发展。

如何才能更好地了解、掌握顾客的消费心理呢？只有学会换位思考，真正站在顾客的角度去想，才能更好地洞悉其消费心理，才能由此采取有效措施，吸引顾客，让顾客随着自己的思维转，从而占据主动，引导顾客消费。

把自己当顾客：站在顾客的角度思考问题

有这样一个问题：如果你想钓到鱼，你是要像鱼那样思考，还是要像渔夫那样思考？答案是要像鱼那样思考。为什么？因为这样才最有可能钓到鱼。这个现象启示销售人员要学会站在顾客的角度思考问题，才会有效提高销售业绩。

在消费的过程中，顾客内心会有一系列复杂、微妙的心理活动。比如对要购买商品的价格、数量、必要性以及成交的方式、订立什么样的支付条件等，都要有一番比较和衡量。在综合一番、仔细考虑之后，才会做出一个决定，可见，顾客的心理对成交的数量甚至交易的成败，将起着至关重要的作用和影响。因此，销售人员一定要懂得顾客的消费心理，这样才能有的放矢，采取针对性措施引导顾客消费。

老摩根在从欧洲漂泊到美国时，最初开了一家小杂货店维持生计。当顾客来买鸡蛋时，老摩根由于手指粗大，就让他老婆用纤细的小手去抓蛋。这样，鸡蛋被纤细的小手衬托后就显得大些。由此，在与其他杂货店鸡蛋一个价格的情况下，来摩根杂货店买鸡蛋的人络绎不绝。

在这里，老摩根就是站在顾客的角度，利用人的视觉误差，巧妙满足了购买者追求物美价廉的消费心理，而使自己的生意兴隆起来。

由于人的购买行为是受一定的购买动机或者多种购买动机支配的。研究这些动机，就是研究购买行为的原因。掌握了购买动机，或者说了解了购买行为的原因，就如同掌握了扩大销售的钥匙。因此，销售人员一定要仔细研究顾客的购买动机，也就是顾客的消费心理，然后顺势而为，采取有效措施提高自己的销售业绩。

一般来说，顾客的消费心理主要有以下11种：

（1）求实心理

这是顾客普遍存在的心理动机。顾客在购物时，首先要求商品必须具备实际的使用价值，讲究实用。有这种动机的顾客，在选购商品时，特别重视商品的质量效用，追求朴实大方，经久耐用，而不过分强调外形的新颖、美观、色调、线条及商品的“个性”特点。

（2）求美心理

有求美心理的人，喜欢追求商品的欣赏价值和艺术价值，以中青年妇女和文艺界人士居多，在经济发达国家的顾客中也较为普遍。他们在挑选商品时，特别注重商品本身的造型美、色彩美，注重商品对人体的美化作用，对环境的装饰作用，以便达到艺术欣赏和精神享受的目的。

（3）求新心理

有的顾客购买物品注重“时髦”和“奇特”，喜欢追赶“潮流”。在经济条件较好的城市中的年轻男女中较为多见，在西方国家的一些顾客身上也常见。

（4）求利心理

这是一种“少花钱多办事”的心理动机，其核心是“廉价”。有求利心理的顾客，在选购商品时，往往要对同类商品之间的价格差异进行仔细的比较，还喜欢选购打折或处理商品，具有这种心理动机的人以经济收入较低者为多。当然，也有经济收入较高而勤俭节约的人，精打细算，尽量少花钱。有些希望从购买商品中得到较多利益的顾客，对商品的花色、质量很满意，爱不释手，但由于价格较贵，一时下不了购买的决心，便讨价还价。

（5）求名心理

这是以一种显示自己的地位和威望为主要目的的购买心理。他们多选购名牌，以此来“炫耀自己”。具有这种心理的人，普遍存在于社会的各阶层，尤其是在现代社会中，由于名牌效应的影响，衣食住行均选用名牌，不仅提高了生活质量，更是一个人社会地位的体现。

（6）安全心理

有这种心理的人对欲购的物品，要求必须能确保安全。尤其像食品、药品、洗涤用品、卫生用品、电器用品和交通工具等，不能出任何问题。因此，他们非常重视食品的保鲜期，药品有无副作用，洗涤用品有无化学反应，电器用品有无漏电现象等。在销售人员解说、保证后，才能放心地购买。

（7）仿效心理

这是一种从众式的购买动机，其核心是“不落后”或“胜过他人”，他们对社会风气和周围环境非常敏感，总想跟着潮流走。有这种心理的顾客购买某种商品，往往不是由于急切的需要，而是为了赶上他人，超过他人，借以求得心理上的满足。

（8）偏好心理

这是一种以满足个人特殊爱好和情趣为目的的购买心理。有偏好心理动机的人，喜欢购买某一类型的商品，例如，有的人爱养花，有的人爱集邮，有的人爱摄影，有的人爱字画。这种偏好性往往同某种专业、知识、生活情趣等有关，因而偏好性购买心理动机也往往比较理智，指向性比较明确，具有经常性和持续性的特点。

（9）自尊心理

有这种心理的顾客，在购物时，既追求商品的使用价值，又追求精神方面的高雅。他们在购买之前，就希望自己的购买行为受到销售人员的欢迎和热情友好的接待。经常有这样的情况：有的顾客满怀希望地进商店购物，一见销售人员的脸冷若冰霜，就转身而去，到别的商店去买。

（10）疑虑心理

这是一种瞻前顾后的购物心理，其核心是怕“上当吃亏”。他们在购物的过程中，对商品的质量、性能、功效持怀疑态度，怕不好使用，怕上当受骗。因此，反复向销售人员询问，仔细地检查商品，并非常关心售后服务工作，直到心中的疑虑解除后，才肯掏钱购买。

（11）隐秘心理

有这种心理的人，购物时不愿为他人所知，常常采取“秘密行动”。他们一旦选中某件商品，而周围无旁人观看时，便迅速成交。青年人购买和性有关的商品时常有这种情况，还有一些知名度很高的名人在购买高档商品时，也有类似情况。

了解了这些消费心理后，销售人员就要在销售的过程中，通过言语交谈，准确获悉顾客的消费心理，然后顺势而为，采取针对性措施，满足顾客的消费心理，让顾客愿意从自己的口袋里掏钱做交易。

走不出去的“自我”：顾客都有想得到优惠的心理

由于“自我”的概念在每个人心中根深蒂固，所以在消费中，每个顾客都只关心自己的利益。很多顾客为了掩饰自己想得到优惠的心理甚至会撒谎，他们会采用不同的谎言来掩盖自己想得到优惠的真实目的。对于销售人员来说，要熟知顾客的这种想得到优惠的心理，并要在合适的机会给予顾客一些优惠，以激发顾客的购买欲望。

在一次大型玩具展销会上，一家玩具公司的展位非常偏僻，参观者寥寥无几。公司负责人急中生智，他在展会入口处扔下了一些别致的名片，在名片的背面写着“持此名片可以在本公司展位上领取玩具一个”。

结果，这个公司的展位很快被包围得水泄不通，并且这种情况一直持续到展销会结束，迅速爆发的人气为这家公司带来了不少生意。

这家公司之所以取得了商业上的巨大成功，原因就在于它抓住了人们都只关心自己利益的心理，以对顾客的小恩惠而为公司带来了巨大的利益。

人只关心自己的利益，可以简单概括为重视自我的心理，它包含两层含义：一层是自己对自己的关心和保护；另一层是希望得到别人的关心和重视。

在消费过程中，由于这种心理的作用，顾客会特别注重商品对于自身的价值，同时也希望得到销售人员对自己的关心和重视。如果产品不错，销售人员又对自己表现了足够的重视，那么顾客就会很高兴地购买其产品。

但是，现实中，很多销售人员总是一味地关心自己的产品是否能卖出去，一味夸赞自己的产品多么先进、多么优质，而不考虑是不是适合自己的顾客、顾客喜不喜欢。这样给顾客的感觉就是你只关注自己的产品，只注重自己能赚多少钱，而没有给他以足够的关心和重视。顾客的心理需求没有得到满足，于是会毫不犹豫地拒绝你的推销。

曾经有一位推销专家说过："推销是一种压抑自己的意愿去满足他人欲望的工作。毕竟销售人员不是卖自己喜欢卖的产品，而是卖顾客喜欢买的产品，销售人员是在为顾客服务，并从中收获利益。"

因此在销售活动中，最重要的人不是销售人员自己而是顾客。"顾客至上"才是销售人员应该遵循的根本原则。能否站在顾客的立场上，为顾客着想，才是决定销售能否成功的重要因素。

王东和李威同为家用饮水机的销售人员。两个人到同一个顾客那里推销饮水机，王东到了顾客的家里，就开始滔滔不绝地给顾客介绍自己推销的饮水机的质量多么好，多么畅销，如果不购买的话会多么可惜。结果顾客毫不客气地打断了他的介绍，说："真的不好意思，先生，虽然你的产品很棒，也很畅销，但是很抱歉，我完全不需要，因为它不适合我。"

王东只好尴尬地说了一些多有打扰之类的抱歉话后离开。王东离开不久，李威也来到这个顾客家里推销饮水机。他与王东采取了不同的方法，他到了顾客的家里，没有开门见山地和顾客聊产品，而是在和顾客客套的时候，观察顾客的家具布置，揣测顾客的生活档次和消费品位，并和顾客家的小孩玩得很好。

在向顾客介绍产品的时候，王东先询问的是顾客需要什么样的款式和档次，并仔细地为顾客分析产品能够给顾客带来多大的好处和多少便利之处。比如，每个月会给顾客省下多少电费。最后李威并没有把自己的产品卖给顾客，而是说公司最近会推出一款新机型，特别适合顾客的要求，希望顾客能够等一等，自己过段时间再来。

李威的一番言语让顾客非常感动，因为李威切实地从顾客的立场出发，为顾客考虑了很多，表现出对顾客的真诚的关心，使顾客得到了真正的实惠，赢得了他们全家人的信任。

李威再次来到这个顾客家中的时候，还给顾客的小孩带了些小礼物。王东受到了顾客全家的热情接待，并且顾客很痛快地购买了他推荐的新产品。

这个例子说明，顾客需要得到销售人员的关心和重视，需要得到适合自己的、能给自己带来实惠的产品和服务。因此，销售人员要想得到顾客的眷顾，只有让顾客感觉到自己是在为顾客谋利益，而不仅仅是为了获得他口袋里的钱，这样才有助于双方达成交易。

作为销售人员，一定要清楚顾客这种想得到优惠的心理，在销售中，要照顾到顾客的利益，能让利的时候尽量给顾客让利。你让出的一点小利可能会换来一个大单，何乐而不为呢！

把顾客当“上帝”：顾客都有想享受礼遇的心理

心理学告诉我们，人做任何事都是为了满足其各种各样的心理需求。从这个结论可推知，顾客永远都是为了自己的原因才选择购买商品的，都是为了满足自己某种需要而购买的，而不是因为其他人、其他原因而购买。

将这个心理学结论拓展开来，我们还会得知，顾客最关心的永远是自己。如果想和一个顾客合作，就必须先考虑到这个顾客的需求是什么？只有满足了顾客的需求，才可能使交易达成。如果没有或不能满足顾客的心理需求，就想使交易完成，那将是非常困难的，甚至是不可能的。

心理学还告诉我们，人的欲望是无限的，这些欲望包括物质方面的渴求和精神方面的渴求，而且二者是并存的。在物质需求得到满足的同时，人们更希望得到心理需求的满足。

渴望被人重视是一种很普遍的、人人都有的心理需求，顾客也不例外。在消费的过程中，顾客在购买商品的同时，很渴望被人重视，渴望得到礼遇。这种心理需求正好给销售人员推销自己的商品带来了一个很好的突破口。

市场是顾客创造出来的，没有顾客就不会有市场，因为一个企业的产品只有迎合了顾客的需求，才会有人购买，才会形成市场。从这个角度上讲，销售因顾客而存在。

对销售人员来讲，顾客就是上帝，就是衣食父母，要想完成销售，就要礼遇顾客。实际上，这种行为也是在满足顾客渴望被重视、被礼遇的心理。销售人员要了解这一心理，并学会利用这种心理促使顾客购买自己的产品。

唐军和蒋伟两个人一同出去推销自己公司的一种产品，他们先后来到经营建材的李欣处推销。唐军先去的，他进门之后就滔滔不绝地向李欣介绍自己公司的产品有多么好、有多么适合他，他不购买就等于吃亏，等等。

这样的话不仅没有引起李欣的兴趣，反而让他很反感，于是他很不客气地让人把唐军轰走了。唐军走后，蒋伟又来了。李欣知道他们推销的是同一种产品，本来不想听蒋伟说什么，但是他又好奇蒋伟如何推销，于是就请蒋伟来到他的办公室。

蒋伟进来后没有直接介绍自己的产品，而是很有礼貌地先说抱歉、打扰，然后又感谢李欣百忙之中会见自己，还说了一些赞美和恭维的话，而对自己的产品却只是简单地介绍了一下。见李欣始终都是一副很冷淡的样子，蒋伟觉得这笔生意已经很难做成，虽然心里多少有些失落，但他还是很诚恳地对李欣说："虽然我知道我们的产品是绝对适合您的，可惜我能力太差，无法让您相信我，我想我应该告辞了。不过，在告辞之前，想请您指出我的不足，以便让我有一个改进的机会，好吗？谢谢您了！"

这时，李欣的态度突然变得很热情、很和善。他站起来拍拍蒋伟的肩膀笑着说："你不要急着走，我已经决定要买你的产品了。"

为什么唐军来推销会被轰出去，而蒋伟却能够成交，这里面有一个满足顾客心理需求的问题。唐军只顾滔滔不绝地介绍自己的产品，而忽略了对顾客起码的尊重和感谢，而蒋伟却始终对顾客很恭敬很有礼貌。特别是自己最后临走时，还请求顾客指教，这让李欣感受到了足够的重视，从而从情感上认同和接受了蒋伟，愿意和蒋伟做交易。

作为一名合格的销售人员，要谨记一定要礼遇你的顾客，你要想顾客把一掷千金的劲头都用在你的身上，你首先要想办法博得顾客一笑。把你的顾客当成上帝一样伺候，这是非常有必要的，因为不仅你认为顾客是上帝，顾客自己也是这么认为的。所以，如果你没有礼遇你的顾客，不把你的"上帝"侍候好，又怎么能奢望"上帝"照顾你的生意呢？

由于市场竞争激烈，一些商家想出了一个诱人的经营手段，那就是让顾客成为VIP顾客。“VIP”中文的意思就是“高级会员、贵宾”。成为VIP顾客，就可以享受到一些特有的优惠或者折扣，受到非常高的礼遇。

销售人员抓住顾客想享受VIP待遇的消费心理，给顾客以高规格礼遇，让顾客获得心理满足，由此更愿意和你做生意，购买你的产品或服务。

一次，姜小姐请几个顾客在一家会馆吃饭，吃完后姜小姐去前台结账，她出示了自己的会员卡，服务员接过去一看，是老板签字的会员卡，立刻满面笑容，给予了规定的优惠，让姜小姐节省了不少钱，而且后来经理还亲自送来一盘水果布丁，说是算自己请客，这让姜小姐觉得自己在顾客面前非常有面子。后来，姜小姐成了这家会馆的常客。

在和顾客接触时，要记得把你的尊重和礼遇贯穿始终，时时、处处表现出你对顾客的尊重。当顾客提出问题时，你必须认真地听对方说，哪怕顾客说到一半的时候你就知道不可能按照他的意思做，你也得用心听完。只有这样，你的顾客才能感受到被尊重。即使在他说完之后，你委婉地拒绝了，顾客也不会觉得你是在敷衍他，而是实在不能做出让步。

总之，作为销售人员要时刻记住尊重你的顾客、礼遇你的顾客，要用谦虚的心态和礼貌让你的顾客觉得你不但是产品的行家，而且还是一个有修养的人，这样顾客才能产生和你进一步沟通的想法，你提出的意见顾客也就比较容易接受了，交易也就成了水到渠成的事了。

安全感第一：顾客都有怕上当受骗的心理

由于一部分骗子效仿销售员的推销方式欺骗顾客，或者买来的商品没能满足自己的期望，也可能是从新闻媒体上看到过一些有关消费者受损的事例，使自己利益受损或感觉到危机，于是，当他们再次看到销售员在销售产品时就自然想起自己被骗的痛苦经历，于是潜意识里认为销售员都有可能欺骗他们。所以很多时候他们排斥销售员以及他们的销售活动，甚至抱着逆反的心理与销售人员进行争辩。

顾客这种怕上当受骗的心理很普遍，绝不仅仅是个例，这就一定程度上反映出销售活动中确实存在着一些虚假宣传、欺骗顾客的现象。

王东在一家手机专卖店看上了一款金色的新型手机，他想要销售员把真机拿来看一下。这名销售员说真机在库房，需要先把钱交了，然后才能去库房提货。王东没有多想就把钱交了，然后等店里的人去取货。

在等待的时间里，这名销售员又拿来一款新手机，跟王东说："这款手机也是新上市的，性价比比您刚才选的那款要高出许多，而售价只比那款多出300元。刚才那款下载软件要花钱，重装系统也要花钱，而这款却不用花这些钱，还有，这款店里就有货，不用等。"

王东看了看销售员推荐的这款手机，还算满意，就又拿出300元钱把这款手机买走了。

回家后，王东感觉有些不对劲，就上网查了这款手机的参数，发现与销售员所称的参数不符，而且售价也远低于店里的价格。王东去找那个销售员退货。结果那个销售员根本不承认自己说过这款机器参数有那么高，是王东听错了，责任不在他，所以不给退。

当然这些欺骗只是部分现象，并非是全部情况。但是，由于顾客没有时间和精力去辨别销售人员和销售活动的真伪，所以很容易把所有的销售人员以及他们的销售活动"一棍子打死"，认为凡是搞推销的人都是骗子，都是不可信的，于是他们遇到销售人员就躲着走，怕自己被骗。

一家影楼的秦小姐说："许多顾客来了走，走了又来，然后甩下话：'你给我降价我就在你这拍！'我们这个行业是怎么了？如果顾客去的是一家饭店，恐怕他绝对不会说：‘你给我降多少钱我就在你这里吃，否则我就去另一家了。’如果真有人这么说，别人肯定会笑他是从外星球来的，但在我们这里，不讨价的人反而像从外星球来的……”

这种现象反映了什么？其实说到底，顾客还价还是因为怕被骗。因为影楼给顾客的印象是谋取暴利的场所，即使工作人员报出底价，顾客也会认为其中还有很大的水分。

让顾客产生这种心理的原因在于有些销售活动做得有些过头，比如原价1万元的产品，没几天就优惠到2000元，或者随便找个理由就打个8折。此时顾客就会想：一定是产品本来就值几百块，不然怎么会降这么多？要不就是产品质量有问题，看来他们平时赚了顾客不少钱，我一定不能被骗。

顾客一旦产生了这种心理，就会产生“你的价格越低，他反而越怀疑”的现象。顾客要的是质量好的产品，同时还要感觉自己买得实惠。如果顾客刚从你手上买了产品，到你的竞争对手那里一看，你卖给他的东西只要一半的价格就可以买到，你从此就成了反面教材。

许多顾客都有怕上当被骗的心理，因此，面对销售人员，他们表现得很谨慎，浑身上下都充满警惕，就怕掉进销售人员的“陷阱”。

针对这种情况，销售人员一定要予以多多理解，要从顾客的角度去体会顾客的感受，还要深入了解造成顾客这种心理的具体原因，然后设法消除顾客的心理障碍，才有可能打动顾客，让顾客与你做交易。否则，急于求成，只顾滔滔不绝地介绍，情况就会变成：你说得越多，顾客反而越怀疑。

一位金牌销售人员曾说过：作为销售人员，你不是要打动顾客的脑袋，而是要打动顾客的心。因为心是离顾客钱包最近的地方，是顾客的感情，脑袋则是顾客的理智。也就是说合格的销售人员要打动顾客的感情，让顾客动心，顾客才会产生购买的想法。

凡事都是矛盾的统一体，所以才要一分为二看问题。虽然顾客怕上当受骗的心理会给你们的沟通带来障碍，但同时也会给你带来机会。一方面顾客需要产品，另一方面又害怕上当受骗，因此他们总希望你能把价格降了再降。顾客通常会找同类商品如何优惠的说辞来刺激你，而你在与顾客交谈时要让顾客了解，任何一种商品都不可能在各方面都占优势，十全十美的商品是不存在的。

你要重点告诉顾客买你的产品能获得什么好处，以此来满足顾客的需求和减轻他担心买贵的顾虑。如果有什么优惠活动，也要提前通知顾客，把利益的重点放到顾客身上，让顾客觉得自己获利而不是被骗了。

还有一部分顾客担心商品的质量或功能，对商品没有足够的信心。此时，你不妨直接对顾客说出产品的缺点，这比顾客自己提出来要好得多。这样做的好处：第一，顾客会对你产生信任感，觉得你没有隐瞒产品的缺点，是个诚实的人，这样他就愿意与你进一步交流；第二，顾客会觉得你很了解他，把他想问而未问的话回答了，他的疑虑就会减少；第三，你主动说出商品的缺点，可以避免和顾客发生争论，而且能使你和顾客的关系由消极的防御式变成积极的进攻式，从而促成交易。

销售人员在销售过程当中，要尽自己最大的能力来消除顾客的顾虑，使他们觉得自己所购买的商品物有所值。所以，销售人员需要做的就是：向顾客保证，他们决定购买的动机是非常明智的，而且钱也会花得很值；而且，购买你的产品是他们在价值、利益等方面做出的最好选择。

顾客担心上当受骗是一个共性问题，如不能正确解决，必将会给销售工作带来很大的阻力。所以，销售人员一定要努力打破这种被动的局面，创设出一个令顾客放心的购物环境。在这个过程中，销售人员要做到能够站在顾客的角度，多多理解顾客的感受，然后在此基础上，采取有效的针对性的措施，努力消除顾客的担心，化解顾客的顾虑，让顾客放心地去买自己想要的商品。

随波逐流差不了：顾客购物有“从众”心理

由于顾客购买东西时大多都害怕上当受骗，因此在最后决定签单时，往往都有些犹豫，迟迟不肯做出决定。但是如果当他们知道别人已经用过该产品或者已经享受到某项服务，而且还比较认可的时候，他们则会很快做出决定，这就是所谓的“从众心理”。

“从众”是一种比较普遍的社会心理和行为现象，也就是人们常说的“人云亦云”“随波逐流”：大家都这么认为，我也就这么认为；大家都这么做，我也就跟着这么做；既然大家都在买，我也买，差不了。就这样，形成了“趋之若鹜”的现象。

“从众”心理给销售人员推销自己的商品带来了便利。销售人员可以吸引顾客的围观，制造热闹的行情，以引来更多顾客的参与，从而制造更多的购买机会。例如，销售人员经常会对顾客说，“很多人都买了这一款产品，使用后都说不错”“小区很多像您这样年纪的叔叔都在使用我们的产品”。这样的言辞就巧妙地运用了顾客的从众心理，使顾客心理上得到一种依靠和安全保障。

有的时候，即使销售人员不说，有的顾客也会在销售人员介绍商品时主动问道：“都有谁买了你们的产品？反映如何？”言外之意是：如果有很多人买了，我就考虑考虑。

某商场入口处排了一条很长的队伍，从商场经过的很多人不断地加入排列的队伍中，虽然他们也不太清楚为什么有这么多人在排队，他们只是因为看到此类场景时，第一个念头就是：那么多人围着一种商品，一定有利可图，所以我不能错失机会。这样一来，排队的人就会越来越多。但事实上，这些人中真正有明确购买意图的没有几个，人们不过是在相互影响。

优秀的销售人员都懂得利用人们的这种“从众”心理来营造营销氛围，影响人群中的敏感者接受产品，从而达到整个人群都接受产品的目的。

多川博是日本一位著名的企业家，他因为成功地经营婴儿专用的尿布，使公司的年销售额高达70亿日元，一跃成为世界闻名的“尿布大王”。

在多川博创业之初，他创办的是一家生产、销售雨衣、游泳帽、防雨斗篷、卫生带、尿布等日用橡胶制品的综合性企业。但是由于公司泛泛经营，没有特色，销量很不稳定，曾一度面临倒闭的困境。

一个偶然的机会，多川博获知日本每年出生200多万婴儿。他想如果每个婴儿用两条尿布，那么一年就需要大约500万条。于是，他们决定放弃尿布以外的产品，实行尿布专业化生产。专业化尿布生产出来了，采用新科技、新材料，质量上乘。公司花了大量的精力去宣传产品的优点，希望引起市场的轰动，但是在试卖之初，基本上无人问津，生意十分冷清，几乎到了无法继续经营的地步。

多川博万分焦急，经过苦思冥想，他终于想出了一个好办法。他让自己的员工假扮成顾客，排成长队来购买自己的尿布。一时间，公司店面门庭若市，几排长长的队伍引起了行人的好奇：“这里在卖什么？什么商品这么畅销，吸引这么多人?”如此，也就营造了一种尿布旺销的热闹氛围，吸引了很多“从众型”的买主。

随着产品不断销售，人们逐步认可了这种尿布，买尿布的人越来越多。后来，多川博公司生产的尿布还出口他国，在世界各地都很畅销。

多川博尿布的畅销就是利用顾客的从众心理打开市场的，但是一个重要的前提是尿布的质量好，在被顾客购买后得到了认可，才最终导致该尿布的世界畅销。可见，销售最终还是要以质量赢得顾客的，而利用其心理效应只是一个吸引顾客的手段。

顾客的从众心理有多种表现形式，比如人多效应，就是看参与的人多了，自己就会参与进去；再比如威望效应，就是愿意跟随一些有威望、有名气的人“走”。现在很多公司、商家的产品都会花高价请明星来代言产品、做广告，就是为了引发顾客的“从众心理”，以扩大销售。一般来说，当一个人没有主张或者判断力不强的时候，就会依附于别人的意见，特别是一些有威望、有权威的人物的意见。商家就是看中这一点，才不惜重金聘请那些有威望、有名气的专家、明星。

满足顾客从众心理需求可以减轻顾客对产品风险的担心，增强其购买信心，往往很容易促成交易。但是在利用顾客的这种从众心理时，也要注意讲究职业道德，不能靠欺骗来骗取顾客信任。否则，一旦失去了顾客的信任，就会使自己大受损失，付出极大的代价。

我的地盘我做主：顾客购物会有“逆反”心理

细心的销售员会发现在销售活动中，有这样一种怪现象：你越是滔滔不绝，越是苦口婆心地把某商品推荐给顾客，顾客就越会拒绝。这种现象就是顾客的逆反心理。

逆反心理是一种社会心理现象，指客观环境要求与主体需要不相符合时所产生的一种强烈的反抗心态。通俗一些说，是人为了维护自尊，而采取与对方要求相反的态度和言行的一种心理状态。

每个人都有逆反心理，只不过有的人强烈些，而有的人弱些罢了。平时，人的逆反心理表现得不是很明显，但在某些特定条件下，人的逆反心理会被激发出来，进而支配人们的行为活动。上述顾客对滔滔不绝的销售人员的拒绝就是一种逆反心理的表现。

顾客的逆反心理多是被商家诱导出来的，例如，当顾客对某商品特别感兴趣的时候，想要摸摸质地，而这时销售人员过来说："不好意思，我们的样品是禁止触摸的！"这时顾客的心里立刻会变得反感：有什么了不起，不摸就不摸！这就是顾客对商品的强烈的好奇心受到了阻碍，而导致顾客的心理逆反。

还有，当顾客的心理需要得不到满足的时候，反而会更加刺激他强烈的需要。比如，对于自己越是得不到的东西，越想得到；越是不能接触的东西，越想接触；越是不让知道的事情，越想知道。

再有一点容易引起顾客逆反心理的因素是对立情绪，因为顾客一般都会对登门推销的销售人员抱有警戒心理，本能地对其不信任。这种情况下，销售人员把自己的产品说得越好，顾客越觉得虚假；销售人员越是热情，顾客越觉得对方虚情假意。例如，在实际销售中，很多销售人员往往为了尽快签单，而一味穷追猛打，以为通过密集轰炸就可以把顾客搞定，但是这样很有可能会起到相反的效果，令顾客产生逆反心理，从而拒绝购买。

在消费过程中，顾客的逆反心理通常会有以下几种表现形式：

（1）提出反对意见

顾客往往会故意针对销售人员的说辞提出反对意见，让销售人员知难而退。

（2）不发表意见

在销售人员苦口婆心地介绍和说服的过程中，顾客始终保持缄默，态度也很冷淡，不发表任何意见。

（3）以"我知道"应对

不管销售人员说什么，顾客都会以一句台词应对，那就是"我知道"，意思是说，我什么都知道，你不用再介绍。

（4）无情地拒绝

在销售人员向顾客推荐产品或服务时，顾客会坚决地说："这件商品不适合我，我不喜欢。"无情地予以拒绝。

很多销售人员不懂得顾客的逆反心理，在销售过程中，总是片面地、滔滔不绝地介绍产品，而不顾顾客的切身感受，结果总是适得其反，遭受了顾客的断然拒绝。

刘鑫经营着一家五金店，生意很红火，赚了很多钱。刘鑫想把自己开了多年的旧车换一辆新车。一些汽车销售公司的推销员不知道从哪里听说了这个消息，不断前来跟刘鑫洽谈购置新车的事情。

几个销售员跟刘鑫大谈特谈自己公司汽车的外观有多漂亮，性能有多强悍，与使用者有多匹配。同时，他们还嘲笑刘鑫现在开的旧车有多寒酸，不但外观老旧，而且性能也很落后，严重影响了一个老板的形象。

面对这些奚落，刘鑫产生了一种反感情绪，他心想：哼，这群家伙只是为了推销他们的汽车，还说些伤人自尊的话，我就是不买，我才不会上当受骗呢！就是在这样的逆反心理下，刘鑫毅然拒绝了这些销售员的推销。

逆反心理既会导致顾客拒绝购买你的产品，但也会促使其主动购买你的产品。上面的事例还没有结束：

又一个汽车推销员找到了刘鑫。刘鑫早已经打定了主意：不管你怎么说，我都不会心动，坚决不买！令他意外的是，这个销售人员没有像其他销售人员那样劝说他该换车了，而是在看了看他的旧车后说："依我看，您暂时不用换车，您这旧车还能用上一段时间，对付一两年还是没有问题的。"说完，给刘鑫留下一张名片就告辞离去了。

刘鑫被这个销售员的话刺痛了，他想："你不是不建议我换吗？我就不听你的，我偏要换，看你如何。"

一周后，这个销售员接到了刘鑫的电话。电话里，刘鑫告诉这个销售员自己决定换车，而且新车的款式已经看好了，价格也没有什么异议，让他带着合同和发票过来。

看来，逆反心理是一柄"双刃剑"，利用得法，会有利于自身，但利用不得法，也会伤了自身。对于销售人员来讲，在向顾客推销产品的时候，一方面要避免引起顾客的逆反心理使其拒绝购买自己的产品；另一方面，还要巧妙刺激顾客的逆反心理，使其产生强烈的购买欲望，并进而发生消费行为。

感觉制胜：顾客购物要有占了便宜的感觉

销售行业流行一句话：顾客要的不是便宜，而是要感到占了便宜。对销售人员来讲，只要顾客有了占便宜的感觉，就容易接受你推销的产品。在市场上不难发现这样一种情形：一旦某种以前很贵的商品开始促销，以促销后的价格买到手了就觉得买了实惠，占了便宜。

顾客这种爱占便宜的心理给了商家以可乘之机，如一些女士在买衣服的时候，常常用对方不给降价自己就不买来“威胁”商家，而结果通常是商家委曲求全，含泪甩卖，告诉顾客“生意不好做，我赔本把这件衣服卖给你了，就算交你这个朋友了”，还往往煞有介事地说：“我这是清仓的价钱给你的，你可不要和朋友说是这个价钱买的，要不我就惨了！”真实的情形是这样的吗？看下面这个事例：

刘小姐在商场相中了一款新上市的裙子。她一看裙子的售价是260元，就跟导购小姐讨价还价起来：“太贵了，150元吧！”

导购小姐说：“那怎么可以，您看看这款式，可是新上市的哦，您给的价连本钱都没回来。这样，我看您也真心实意要买，您给加点钱吧，差不多就算给您免费带一件回来，好吧？”

刘小姐：“这样吧，你痛快我也痛快，180元吧，最高了，可以吧？”

导购小姐假装沉思了一会儿后说：“好吧，给您带一件，算交了朋友。”

刘小姐认为得了便宜，付了钱拿了衣服高高兴兴地走了。

实际上这件裙子成本价加上物流费、库存费、雇员等费用一共不到70元钱。

在这里，刘小姐只是感觉自己占了便宜，实际上并没有占到任何便宜，但是她却很高兴。商家赚到了钱，自然也高兴，这样双方皆大欢喜，获得了双赢的完美结果。

销售活动中，像上述事情十分常见，精明的销售人员总能找出借口卖出东西并让顾客觉得占了便宜。这就给销售人员一个启示：在销售活动中，要力争让顾客感觉占了便宜，从而爽快交易，这样既让顾客高兴，也成全了自己。

那么，销售人员怎么做才能让顾客觉得占了便宜呢？你可以去看看商场中最畅销的产品，它们通常不是知名度最高的名牌，也不是价格最低的商品，而是那些促销的商品。促销的本质就是让顾客有一种占便宜的感觉。一旦某种以前很贵的商品开始促销，抢购到手，人们就觉得买了实惠，占了便宜。

虽然每个顾客都有占便宜的心理，但是又都有一种“无功不受禄”的心理，精明的销售人员总是能利用人们的这两种心理，在未做生意或者生意刚刚开始的时候拉拢一下顾客，送顾客一些精致的礼物或请顾客吃顿饭，以此来提高双方合作的可能性。

在众多促销方式中，销售人员最常用的方式是利用价格差来吸引顾客，让顾客以为有便宜可赚，从而促成交易，看下面这个故事：

在一家服饰商店有一件珍贵的貂皮大衣，因为价格太高，一直卖不出去。后来店里来了一个新伙计，他说他能够在一天之内把这件貂皮大衣卖出去，掌柜不信，因为衣服在店里挂了一两个月，人们只是问问价钱就摇摇头走了，怎么可能在一天时间里卖出去呢？伙计要求掌柜配合他的安排，他要求不管谁问这件貂皮大衣卖多少钱的时候，一定要说是500两银子，而其实它的原价只有300两银子。

二人商量好以后，伙计在前面打点，掌柜的在后堂算账，一上午基本没有什么人来。下午的时候店里进来一位妇人，在店里转了一圈后，看好了那件卖不出去的貂皮大衣，就问伙计："这衣服多少钱啊？"

伙计假装没有听见，只顾忙自己的，妇人加大嗓门又问了一遍，伙计才反应过来。他对妇人说："不好意思，我是新来的，耳朵有点不好使，这件衣服的价钱我也不知道，我先问一下掌柜的。"说完就冲着后堂大喊："掌柜的，那件貂皮大衣多少钱？"掌柜回答说："500两！""多少钱？"伙计又问了一遍。"500两！"声音很大。妇人听得真真切切，心里觉得太贵，不准备买了。而这时伙计憨厚地对妇人说："掌柜的说300两！"

妇人一听顿时欣喜异常，认为肯定是小伙计听错了，自己少花200两银子就能买到这件衣服，于是心花怒放，又害怕掌柜出来就不卖给她了，于是付过钱以后匆匆地离开了。就这样，伙计很轻松地把滞销了很久的貂皮大衣按照原价卖出去了。

在这里，店伙计就是利用了妇人占便宜的心理，成功地把衣服卖了出去。

优惠是推动销售最有效的方法之一，大多数顾客都只看你给出的优惠是多少，然后和你的竞争对手做比较，如果你没有让顾客觉得得到优惠，顾客可能就会离你而去。所以你不仅要注重商品的质量，还要注意成全顾客这种想要优惠的心理需求。

需要注意的是，在优惠的同时，你还要传达给顾客一种信息：优惠并不是天天有，你很走运。这样，顾客的心里才会更满足，他们才会更愿意与你合作。即使你推销的产品在某方面有些不足，你也可以通过某些优惠让他们满意而归。

如果顾客对你的产品提出意见，你千万不要直接否定顾客，要正视产品的缺点，然后用产品的优点来弥补这个缺点，这样顾客就会觉得心理平衡，同时加快自己的购买速度。比如顾客说："你的产品质量上有缺陷。"

作为销售人员的你可以这样告诉顾客："产品确实有点小问题，所以我们才优惠处理。不过虽然是有问题，但我们可以确保产品不会影响使用效果，而且以这个价格买这种产品很实惠。"这样一来，你的保证和产品的价格优势就会促使顾客产生购买欲望。

在这个过程中，有一点也很重要，那就是在优惠促销时，一定要注意方式和分寸，既要满足顾客的心理，又要确保让顾客实实在在得到实惠，这样才能够保持和顾客长久的关系，实现互惠互利。

第六章

顺应顾客说话，让开场白给对方留下好印象

与顾客初次接触，说好开场白非常重要，说得适宜，会打动顾客，让顾客高兴，给顾客留下一个好印象，有助于后续销售活动的顺利开展；说得不适宜，不但不会起到增加了解、增进关系的作用，有些时候甚至会开罪顾客，给顾客留下一个不好的印象，这样势必给后续的销售活动带来障碍，使交易变得无比艰难。因此一定要运用好说开场白的方法和技巧，努力让开场白打动顾客。

幽默开场让顾客不再排斥你

幽默是一种生活态度，也是一种与人沟通的技能，在心理学家看来：幽默是一种最富感染力、最具有普遍传达意义的交际艺术，对融洽人际关系，起到了巨大的作用。

在销售中，交易的本身容易让顾客对销售方充满戒备与敌意，如果销售人员在与顾客初次见面中能够适当运用幽默的语言与顾客交流，一定程度上可以消除顾客的敌对和紧张情绪，甚至会制造出一种一见如故的轻松愉快的交谈气氛，大大有利于后续的交流和推销活动。

一次，原一平到一户人家去推销保险，一见到对方他就自我介绍："你好！我是明治保险的原一平。"

"喔……"对方端详他的名片一阵子后，慢条斯理地抬头说："两三天前曾来过一个保险公司的推销员，他话还没讲完，就被我赶走了。我是不会投保的，所以你多说无益，你还是快走吧，以免浪费你的时间。"

原一平自然看出了此人的不友好，但他自有办法应对。"真谢谢你的关心，你听完我的介绍之后，如果不满意的话，我当场切腹。无论如何，请你挤点时间给我吧！"原一平一脸正经，甚至还装得有点生气地说。

对方听了忍不住哈哈大笑，说："有点意思，你真的要切腹吗？"

"不错，就像这样一刀扎下去……"原一平一边回答，一边用手比划。

"等着瞧吧！我非要你切腹不可。"

"来啊！既然怕切腹，我非要用心介绍不可啦！"话说到此，原一平脸上的表情忽然从"正经"变为"鬼脸"，于是准顾客和他不由自主地一起大笑了。

在这个事例中，原一平就是运用了幽默的语言消除了顾客的敌意，制造出一种轻松愉快的交谈气氛，让顾客不再排斥自己，为后面的推销活动打下了良好的基础。

诸多成功的销售事实证明，只要你能创造出与准顾客一起笑的场面，就突破了顾客排斥你的难关，并拉近了彼此的距离，在此基础上就极有可能把准顾客变成现实顾客。

再看一个原一平推销成功的例子：

"你好！我是明治保险的原一平。"

"噢！明治保险公司，你们公司的推销员昨天才来过。我最讨厌保险了，所以他昨天被我拒绝啦！"

"是吗？不过，我总比昨天那位同事英俊潇洒吧！"他跟对方开了一个小玩笑。

对方一脸正经地说："什么？昨天那个人啊！长得高高的，哈哈，比你好看多了。"

"矮个儿没坏人，再说辣椒是愈小愈辣！'浓缩的都是精华'这句话可不是我发明的啊！"

"哈哈！你这个人真有意思。"

原一平又一次利用幽默的语言博得了顾客的欢笑。当顾客笑了，陌生感和敌意也就随之消除了，这样销售员有很多话就可以说了，而顾客也能听进去了。

总之，对一个进行直接访问的推销员而言，能运用幽默的语言消除顾客的陌生感和敌意是非常重要的，它是后续销售活动顺利开展的重要前提，是成功的前奏。

在运用幽默这一技巧时，销售人员要注意以下几点。

（1）要适度

在和顾客开玩笑时，要注意保持一个“度”，即不要过度，掌握好分寸，避免给顾客留下轻浮、不可靠的印象。

（2）要注意内容

幽默的内容要保证健康，不要低俗，更不要拿顾客的一些私人问题说笑，以免引起对方的不快，使顾客觉得你不尊重他，而且一定要做到措词明了，避免引起误解。

（3）要保持微笑

在和顾客开玩笑的过程中，一定要保持微笑，否则，幽默就很可能被误认为是讽刺。你的微笑其实就是在告诉顾客，你此刻说的话是为了让顾客高兴起来。

（4）要区分顾客

准备幽默一番之前，最好先分析顾客是否喜欢幽默，一定要确信不会激怒对方。如果对方是一个一本正经，喜欢直截了当的人，就不要自作聪明，故作幽默了。否则，极容易引起对方的反感，给自己徒增烦恼。

开场白要新颖独特才能吸引人

俗话说：“话有三说，巧说为妙。”一句话既可以说得让人笑，也可以说得让人跳，关键就在于如何去说。对于销售人员来说，如何巧说开场白才能够打动顾客的心，将顾客的注意力吸引过来，是非常重要的，关系到自己推销的成功与否。

简单说，要想将顾客的注意力吸引过来，销售人员的开场白一定要新颖独特，够吸引人，才有可能起到将顾客注意力吸引过来的目的。

一个家务机器人的销售人员问一位逛商场的女顾客：“您知道世界上最懒的东西是什么吗？”

女顾客被这个有些奇怪的问题吸引过来了，她想了好一会儿也没能想到一个令自己满意的答案，于是她向这个销售人员请教。

这个销售人员不紧不慢地说："就是您存在银行不用的钱啊！它们可以用来买我们最新、最实用的家务机器人，它将把您从繁重的家务劳动中解脱出来，还您一个干净整洁的美好家园。可如今它们却躺在银行里睡大觉，您说它们不是最懒的吗？"

听到这儿，这位女顾客不禁哑然失笑，随后她开始耐心听销售人员的进一步介绍。

再看一个地毯销售人员是如何吸引顾客关注的：

在家居卖场门口，这个销售人员对路过卖场的一位年过半百的女士说："阿姨，您信不信，每天您只需花0.16元就可以使您的卧室铺上地毯？"

这样的说法显然让那位妇女感到有些莫名其妙，她表示了惊奇。销售人员继续说："让我给您算一笔账，假设您卧室有12平方米。我们公司销售的地毯价格为每平方米24.8元，这样您只需花297.8元就可将您的卧室铺上地毯。另外，我们的地毯可以完好地使用5年，每年365天，这样平均每天的花费就是0.16元。"

这个销售员巧妙地向顾客提问，制造出神秘气氛，成功引起对方的好奇，然后在为顾客受益解惑时，很巧妙地把产品介绍给顾客。

在推销活动中，如果你的开场白新颖独特，就能够吸引住顾客，就能够在开场的那一段短暂的时间内抓住顾客的心，为接下来的推销打下良好的基础。

那么，什么样的开场白才能够起到这样的效果、达到这样的目的呢？推销高手常用以下几种创造性的开场白来吸引顾客：

（1）传授省钱妙招

几乎所有的人都对钱感兴趣，省钱和赚钱的方法很容易引起顾客的兴趣，所以不妨以告诉对方如何省钱或赚钱来吸引顾客。

（2）真诚的赞美

几乎每个人都喜欢听赞美自己的话，顾客也不例外。因此，赞美就成为吸引顾客的好方法。在赞美顾客的时候，要尽可能找出别人可能忽略的特点，而又让其知道你的话是真诚的，这样才有可能起到真正吸引人的目的。

（3）利用好奇心

世人皆有好奇心，那些顾客不熟悉、不了解、不知道或与众不同的东西，往往会引起人们的注意。所以，可以利用顾客的好奇心来引起顾客的注意。

（4）提出恰当的问题

直接向顾客提出问题，利用所提的问题来吸引顾客注意。在运用这一技巧时，要注意提出的问题应该是对方最关心的问题，否则，很难达到吸引人的目的。

（5）提供有用信息

可以向顾客提供一些对顾客有用的信息，来吸引顾客的注意力，比如向对方提供对方需要了解的市场行情，新技术、新产品的相关知识，等等。

（6）产品表演展示

利用产品表演展示来吸引顾客的注意，激发其兴趣。这种方式最直观，也最能吸引顾客的注意力。但要注意在表演展示中，要边表演边解说，恰到好处地将产品特点展现出来。

（7）向顾客求教

可以利用向顾客请教问题的方法来引起顾客注意。这种方式往往会激发出对方的自信和自尊感，从而愿意给你释疑解惑，而你也达到了吸引关注的目的。

好的开场，就是推销成功的一半。因此，销售人员一定要重视对顾客说好开场白，努力让自己的开场白不同凡响、不落窠臼，打动顾客的心，引起顾客的注意，为后续的推销助力。

少用“我”，多用“我们”

有这样一则笑话：有个不知名的年轻剧作家，跟他的女朋友谈论自己的一个剧本。谈了两个小时后，说：“有关我已经谈得够多了，现在来谈谈你吧。你认为我的剧作怎么样?”结果女朋友忍无可忍，拂袖而去。

这个小笑话讽刺了那些平时说话总喜欢说“我” 的那些自我意识超强、自私的家伙。在这类人的谈话中，“我”是出现次数最多、最频繁的一个字眼，他们总是向对方讲“我如何如何”，而对他人漠不关心。这样谈话的结果多是不欢而散。他们总以为这种方式可以最好地突出自己，获得别人的尊重，实际上，却恰恰相反。

《福布斯》杂志曾登过一篇名《良好人际关系的一剂药方》的文章，文章的作者总结出人际关系中最重要的5个字是：“我以你为荣!”；最重要的 4 个字是：“您怎么看?”；最重要的 3 个字是：“麻烦您!”；最重要的 2 个字是：“谢谢!”；最重要的 1 个字是：“你!”；最次要的一个字是：“我”。

从这里，我们可以看出“我” 字在人际交往中不宜说得过多，否则就会给人留下突出自我、标榜自我的印象。正因为如此，懂得说话技巧的人，总是有意识地避开“我”，而更多地使用“你”“我们”字眼。因为同你喜欢关注自我一样，别人也喜欢关注自己，这样投其所好，会让对方获得一种受重视和受信任的感觉，从而赢得对方的好感。

俄国十月革命刚刚取得胜利，许多农民怀着对沙皇的刻骨仇恨，坚决要求将沙皇住过的宫殿烧毁。很多有识之士认识到此举的错误性，于是做了很多劝诫工作，但农民都置之不理，坚持非烧不可。最后，列宁亲自出面做说服工作。

列宁对农民说："在烧房子之前，我们大家一起来思考几个问题可以不可以？"

"当然可以。"农民异口同声。

列宁问道："沙皇住的房子是谁造的？"

农民高声说："是我们造的。"

列宁又问："我们自己造的房子，不让沙皇住，让我们自己的代表住好不好？"

农民又齐声回答："好！"

列宁再问："那么这房子我们还要不要烧呢？"

农民觉得列宁讲得好，就一致同意不烧房子了。

在这里，列宁巧妙地使用了"我们"的字眼将自己和广大农民联系在一起，增进了与广大农民的关系。休戚与共的命运让广大农民把列宁当成了自己人，自己人当然要帮着自己人说好，所以很痛快地同意了列宁的意见。

在与顾客接触时，少使用"我"字眼，而多使用"我们"的字眼，会让顾客油然产生信任和尊重的美好感觉。这样自然拉近了彼此的距离，对后面销售活动的展开起到助推作用。

那么，在销售的过程中，销售人员如何才能巧妙地将"我"替换成"我们"，同时又能让顾客感到亲切和高兴呢？可参考以下几点进行：

（1）用"咱们"或"我们"代替"我"

在很多销售场合中，都可以用"咱们"或"我们"的字眼来代替"我"。用"咱们"或"我们"代替"我"的好处是可以有效缩短与顾客的心理距离，促进彼此情感的交流。

（2）把"我的"变为"我们的"

销售过程中，把"我的"变为"我们的"，可以巧妙拉近双方距离，使对方更容易接受你和你的话。相反，如果在说话中，不管听者的情绪或反应如何，只是一个劲地说"我的"，如"我的产品""我的服务""我的公司"，这样必然会引起对方的反感，从而给销售人为地增加了难度。

（3）说“我”时别忘了说“你”

在必须要说“我” 的时候， 一定不要忘了在说完“我” 的时候说“你”，比如当介绍完自己的某种情况或提出了自己的某种观点时，要问一下对方的想法。这样就表示了对对方的重视和关注，会让对方因感到被重视而高兴。

总之，在和顾客谈话时，要尽量少说“我”，而多说“我们”，给对方一种参与感，让对方感受到来自你的信任和尊重，从而赢得对方的好感，为后面的推销打好基础。

用顾客感兴趣的话题打破冷场

通常情况下，顾客对陌生的销售人员有一种本能的抵触情绪，存有一定的戒备心理。比如不轻易与陌生的销售人员会面，即使见面了，也不过多交谈，致使双方很尴尬，形成所谓的“冷场”。显然这种情况不利于双方的有效沟通，有碍于推销活动的进一步开展。作为销售人员，要积极主动想办法打破冷场，如果能想出办法消除顾客的这种抵触情绪，使顾客乐于与自己交谈，那么无疑会推动销售向前发展。

那要怎样才能让顾客乐于与自己交谈呢？最好的方式就是找到对方感兴趣的话题，然后就对方感兴趣的话题开始谈起。这样顾客就会自然地融入到谈话中，不但打破了冷场，而且还能进一步获得对方的好感，销售活动也就因此得到了进一步的推进。

约翰逊是美国一家大型调查公司的职员，一次，他奉命写一篇关于证券行业的机密报告。通过多方打听得知，有一家证券公司的董事长拥有他需要的资料。于是，约翰逊便前去拜访这位董事长。当他刚刚在那位董事长的办公室的一把椅子上坐好，董事长的女秘书从另一扇门中探进头来对董事长说："哦，对不起，董事长，今天没有您需要的邮票。"

"哦，我儿子是集邮发烧友。"董事长顺便对约翰逊解释了一下。接下来，约翰逊表明来意，但谈话没有什么结果，因为董事长不想跟没有交情的约翰逊多说什么，更不愿把资料交给这个他不了解的陌生人。

三天后，约翰逊又拜访这位董事长。当他拿出许多有趣的邮票时，看得出来董事长高兴极了。

"贝拉一定喜欢这张，瞧这张，真棒！贝拉一定会如获至宝。告诉我，您是怎么弄到这些邮票的？"这位董事长一边连连赞叹，一边抚弄那些邮票，脸上充满了兴奋的表情。

接下来的时间里，约翰逊一直和董事长在谈邮票，双方都滔滔不绝。直到要离开时，约翰逊也没有提索要资料的事，但是董事长却主动把约翰逊所需要的资料全部拷贝给了他。

约翰逊是个很聪明的人，他利用董事长感兴趣的话题"撬开"对方的嘴，让对方愿意跟自己交谈，从而打破了之前的冷场，更为重要的是，他还取得了对方的好感，让对方主动把自己需要的资料提供给自己。

很多时候，销售人员跟顾客是第一次接触，对顾客的情况不甚了解。这种情况下，为了避免冷场，或者避免遭受顾客的冷遇，销售人员要尽量在见面前调查好顾客的情况，多掌握一些顾客的信息，特别要对顾客感兴趣的事情多做了解，努力以此来打开顾客的话题。

一个推销员准备去拜访一家企业的老总，但他知道这位老总对人的态度很冷，如果见面展不开话题，很可能就没有第二次见面的机会了。于是，他准备见面前再多了解一下这位老总的情况。

一个偶然的机会，他看到附近杂货店的伙计从这位老总住所的小门里走出来，于是他急忙走过去问候。两个人很快攀谈起来，推销员从杂货店伙计那里得知这位老总的衣服一直在同一家洗衣店洗涤，他很快找到了那家店铺。在接下来的沟通中，他又确定了这位老总西装的布料、颜色、式样等重要信息。更难得的是，他还了解到这位老总是个体育爱好者。这回，这位销售员心里有了底。

做了一段时间的准备后，推销员终于来拜访这位老总。在这位老总的办公室，这个销售员侃侃而谈。由于事先掌握了对方的有效信息，知道了对方的喜好，所以，交流中，这个销售员说的都是这个老总感兴趣的事情。老总很高兴，以为遇到了知己，也积极回应。双方聊得非常高兴，取得了良好的预期效果。

心理学家给出了如何引发别人交谈兴趣的三个步骤：第一，找出别人有特殊兴趣的事物；第二，对于别人感兴趣的事物应预先获得若干知识；第三，对他表示出你对那件事物真的感兴趣。通常情况下，通过这三个步骤就可以提高对方的交谈兴趣。

奥佛史屈教授在《影响人类的行为》一书中说："不论是商业界、家庭中，还是学校里、政坛上，最好的一个忠告是：首先，撩起对方的急切欲望。能够做到这一点的人，就可以掌握世界，否则将会孤独一生。"

"撩起对方的急切欲望"，说到底就是要把握对方的兴趣所在，或者制造兴奋点，也就是就对方感兴趣的话题展开交谈。那么，如何才能真正有效地做到这一点呢？不妨从下面几个话题寻找突破口：

（1）顾客感兴趣的话题

很多时候，销售人员无法调动顾客兴趣、出现沟通冷场的最大原因就在于不了解顾客。因此销售人员在同顾客交谈时，要尽快熟悉对方，并了解对方的喜好；或在交谈前，调查顾客的情况，了解顾客的爱好。然后在交谈中，利用顾客的这些喜好发问，可以顺利地进入话题。

（2）谈谈时事新闻

时事新闻是一类比较大众的话题，容易引起共鸣。在与顾客沟通出现冷场时，不妨将话题转移到时事新闻上来，谈论时下大众比较关心的焦点问题，以转移顾客的注意力。这就要求销售人员平时要多看一些书籍、杂志，资讯性的新闻等，以备丰厚的谈资。

总之，为了避免冷场，同时也为了更好地开场，销售人员要努力寻找顾客感兴趣的话题，然后主动围绕着这些话题展开对话，让对方接受自己。

专家怎么说，你就怎么说

由于人们都有愿意相信和认可权威的心理（虽然这种信任和认可很多时候是盲目的），所以在销售活动中，销售人员可以利用这种影响力和人们对专家的遵从和认可。如，很多商家在为产品做宣传时，总是不惜高薪聘请一些专家来做产品的形象代言人，就是为了引导顾客消费。这种措施在客观上有力地促进了销售的进度，提高了销售的业绩。

这种“权威效应”也启示销售人员，在销售活动中、在和顾客交流时要模仿专家说话，采用专业性话语，以求吸引住对方。

有一位营销总监去电子卖场，刚进门就被一个年轻的销售员拦住推销他们的产品。

这位总监对产品毫无兴趣，倒是反过来问道：“你是做什么的?”

可能没想到顾客会有此一问，那个年轻的销售员愣了半晌，才说道：“我是专职销售员。”

总监微微笑了笑，然后说：“你不应该把自己当作是卖货的，而应该把自己当作导购专家。”

在消费者心中，专业代表安全、代表优质，更代表自身能够最大限度地获取到的利益。所以，顾客一般都青睐那些专业化、顾问式的销售员。

作为一名销售员，如果在自己的领域里显示出较强的专业性，能够以专家口吻跟顾客交流，就会提升顾客对自己的信任度，就更容易说服顾客。

以产品介绍为例，通常情况下，良好的产品介绍需要符合FABE的要求：F代表产品的特征；A代表产品的优点；B代表顾客的利益；E代表证据。在给顾客介绍产品时，要把产品的机能、材料、外型、使用性、便利性、价格以及可以给顾客带来哪些便利和利益等，都要说清楚、明白，才算是良好的产品介绍。看下面这个产品介绍：

诸位请看，这是一款新式调料瓶，瓶口有舌状的倒出口，出口上刻有5厘米的沟槽。这个沟槽的用处是防止瓶内的液体外漏，但不会妨碍往里面倒入液体，油、醋、酱油等都可以由此口无障碍地倒入。

这款调料瓶优点之一是在倒完瓶内所装液体后，不会在瓶口存留所倒的液体，因此看起来十分干净卫生。根据我们的市场调查，这一特点是市场上同类商品不具备的，因此特别难能可贵，有着非常好的销售前景。

您再看，这款调料瓶是圆锥形的，盖子也是圆的，上下一体，给人一种圆润、光洁的感觉。颜色方面，也有蓝、黄、绿三种颜色可供选择，可以说外观时髦别致，既可以放在厨房，也可以放在餐桌和食品柜中。因此，从外型到实用性上看，这款新式调料瓶都堪称完美……

这个产品介绍比较符合FABE的要求，从产品的性能、外观、使用、特色，以及给顾客带来的利益都介绍得十分清楚，顾客也会听得明明白白。

专家式介绍要求销售人员要站在顾客的立场上介绍产品和服务，并给予顾客以专业的解答。但是有些销售人员，为了让顾客觉得自己是这一行的专家、对自己所售产品十分了解，就在向顾客介绍产品时，一味地用专业术语来包装自己，想以此来赢得顾客的好感和信赖。但是这样卖弄专业术语的行为，往往会给自己的销售带来不良后果。顾客会因为这些听不懂的术语与你产生沟通障碍，也会因为这些艰深的术语对产品失去兴趣。

石梅进入保险行业快三个月了，虽然经过一段时间的培训，对保险行业的术语已经了解得非常透彻了，但是她却一桩生意都没做成。

原来，每当顾客表现出购买兴趣的时候，石梅就会搬出一堆专业术语为顾客做介绍，什么“费率”“债权”“债权受益人”等，顾客往往被满嘴专业术语的石梅搞得一头雾水，根本不懂她在说什么，最后只能婉转地谢绝。可怜的石梅竟然不知道顾客为什么不选择她。

适当地使用专业术语，会突显出专业性，由此更能获得顾客的信赖与支持。所以销售人员一定要努力成为产品的使用专家，并能以专业的口吻为顾客释疑解惑，进而实现良好的业绩。

不做“独白者”，让顾客参与进来

在与顾客的接触中，很多销售人员常常犯一个错误，就是只顾自己滔滔不绝地说个不停，而缺少与顾客的互动。销售产品的过程实际上是与顾客沟通的过程，是一个双向对话的过程。双方通过友好对话，达到心与心之间的交流，并进而实现交易。

销售人员如果只知道自己“独白”，不让顾客参与进来，那就变成了无意义的、机械的自我展示和产品介绍了。这样的自我展示和产品介绍是很难真正“走进”顾客内心，打动顾客的。所以，在销售的沟通过程中，销售人员不要做一个“独白者”，而要努力让顾客参与进来，让“独白”变成一次有意义的对话。

乔·吉拉德是著名的推销专家，他的推销经验十分丰富。一次，乔·吉拉德推销一种品牌汽车，一位当地知名的企业家想购买他的产品。这位企业家学历不是很高，白手起家，但是却很有做生意的头脑。

乔·吉拉德热情地接待了这位客人，给他做了最详细的产品介绍，并推荐了几款最好的车型。原本以为交易会很顺利，但是结果却令吉拉德失望不已。当天晚上，吉拉德反复琢磨问题出在哪里，可是总也得不到合理的答案。于是，他拨通了那位顾客的电话："先生，您今天有满意的车型吗?"

"是的，有。"那位先生说。

"但是您为什么走了呢?"吉拉德问道。

"你开玩笑吗？现在已经很晚了。"对方有点不耐烦。

"哦，非常抱歉。但是您可以说一下原因吗？对于一个失败的销售人员来说，这是很有意义的。"

"真的吗?"

"绝对!"

"好，你在听吗?"

"非常专心!"

"但是中午的时候，你并没有专心。"那个人说道。

原来这个企业家是打算要买下一辆汽车的，因为那辆车整体来说是符合他要求的，也没有什么别的问题，但是在最后一秒钟他迟疑了，因为他发现吉拉德对他所讲的话并没有多大的兴趣，他讲什么吉拉德根本没有用心听。这就是他扬长而去的原因。

从这个事例可知，销售人员注意倾听顾客的话是十分有必要的，不要一厢情愿地认为自己把产品介绍完整了就可以了。要知道，顾客形形色色，而且常有自己独特的想法。所以，不要想当然地认为顾客想到的问题自己都想到了，而要积极地诱导顾客发问，让顾客把心中的疑惑问出来。这样才能更好地消除顾客心中的疑虑，也才能促使顾客下决心购买产品。

另外，让顾客及时说出自己的意见、建议，以及内心的疑惑，会让顾客感受到你对他的尊重，从而更加信赖你，推动你们的关系向前发展。

那么，如何才能让顾客及时参与到双方的谈话中来呢？可从下列两方面来进行：

（1）让顾客多说

销售沟通中，销售人员要学会引导和鼓励顾客参与到谈话中来。引导和鼓励顾客说话的方式多种多样，可以向顾客提问，如，“您之前使用过这样的洗衣机吗？”“您对这样的产品有什么意见吗？”“您感觉这样的改进，有意义吗？”这种开放式提问的方式可以使顾客更畅快地表达内心的需求。

（2）做到有效倾听

倾听是促使顾客更愿意说的前提条件之一，在销售中，有效倾听所发挥的作用绝不亚于陈述和提问。实践证明，良好的倾听可以帮助销售人员解决与顾客沟通过程中的许多实际问题。因此，销售人员一定要重视倾听。

在倾听顾客说话时，销售人员要精力集中，认真倾听。为此，销售人员在与顾客沟通之前要做好多方面的准备，如心理准备、身体准备、态度准备及情绪准备等。恐慌的心理、疲惫的身体、黯然的神态及消极的情绪等都不利于倾听。

倾听中，要注意不要轻易打断顾客的话。不但如此，还要有礼貌地以微笑、点头，或说“对”“噢”“好的”等，跟顾客互动，以促使顾客更愿意说下去。

对顾客的意见或建议，一般不要进行反驳，尽管有时顾客的看法有些偏激，但也不宜反驳。如果感到顾客的话确实“离题太远”，可以采取提问等方式改变顾客谈话的重点，引导顾客谈论更能促进销售的话题。

在谈话的过程中，还要注意及时总结顾客的观点，这样做的好处有两个：一方面，借此向顾客传达你一直在认真地倾听；另一方面，有助于保证你没有误解或歪曲顾客的意见，从而使你更有效地找到解决问题的方法。

很多时候，销售成功与否不看销售人员说什么、说多少，而要看顾客是否愿意参与到谈话中来，是否愿意与销售人员交流。如果能让顾客说爽，说舒服，那么交易成功的可能性就会大为增加。反之，如果顾客不愿意说，不愿意与销售人员交流，那么交易成功的可能性就很小。所以销售人员一定要想方设法让顾客积极参与到和自己的谈话中来。

第七章

让产品打动顾客，激发顾客强烈的购买欲望

顾客的购买欲望是促使顾客下决心购买产品的重要前提之一，是使顾客的潜在购买力转化为现实购买力的必要条件。没有购买欲望，交易就很难进行。因此，要想顾客购买产品，就要想办法激发出顾客强烈的购买欲望。产品是激发顾客购买欲望最重要的元素，如何利用产品来激发出顾客的购买欲望是每个销售人员都要掌握的基本销售技能。

不了解，何以谈：全面了解你所推销的产品

作为销售人员首先一定要对自己所销售的产品有个全面的了解，这是一个合格的销售人员必备的业务素质之一，这一点是非常重要的。如果想成功地激发起顾客的购买欲望，让顾客买你所推销的产品，首先就要将产品的优越性能以及独特之处展示给顾客，这样顾客才有可能与你做交易。而要想达到这个目的，销售人员一定要对自己所销售的产品有个全面的了解。看下面这个销售场景：

顾客：小姐，你能给我说一下这两个型号的空调，这一台的售价为什么要比那一台高吗？难道它更能让人感觉凉快吗？

销售员：这一台的性能更好些，性价比更高些。

顾客：哦，那好在哪里呢？性价比又高在哪里呢？

销售员：这个说不太好，反正是这台要比那一台好。

顾客：肯定是要好的呀，但我需要知道它在哪些方面好过那台，而且它的售价是否与它的价值相匹配。你不说明白，让我如何比较。

销售员无言以对，因为她确实说不清楚。

可想而知，这位顾客最终失望离去，交易自然没有做成。

从事推销工作，当然需要对自己推销的产品非常熟悉才行。只有全面了解自己推销的产品，才能详细地向顾客说明购买该商品的益处，能满足哪些需要；只有了解产品，才能圆满地回答顾客提出的疑问，从而消除顾客的异议，使其放心地购买；只有了解产品，才能指导顾客如何更好地使用、更好地维护，促使顾客做出最后的购买决策，乃至让顾客以后重复

购买。一个销售人员如果能做到了解产品的程度使内行人都感到惊讶，那么，必然可以大大提高其推销的成功率。

几乎所有的销售专家都认为，具有丰富的产品知识是一名优秀销售人员最重要的特征。创建于1886年的雅芳化妆品公司，其业务遍布世界120多个国家和地区，营销代表逾200万人，年销售额达几十亿美元。业绩如此显赫，其奥秘在哪里呢？

该公司的推销人员有一条不成文的规定，那就是每个推销“雅芳”产品的人都必须是“雅芳”产品100%的用户。这并非强制扩大自己的销量，而是要每个销售人员都真正了解掌握产品的性能和特征。这样，销售人员在和顾客沟通时就可以坦然地说：“我了解，因为我用过。”

雅芳化妆品公司能创造出如此骄人的营销业绩，与这条不成文的规定有着非常紧密的关系。

顾客在购买产品之前都想要了解有关产品的更多知识，如果销售人员无法满足顾客这一基本需求的话，顾客就无法了解产品是否适合自己，也就不会做出购买产品的决定。因此，销售人员一定要事先全面了解自己所要推销的产品知识，如果缺乏对产品的全面了解，就不能很好地将产品介绍给顾客，说服顾客也就会显得苍白无力。

那么，销售人员需要了解哪些方面的产品信息呢？通常需要了解产品的基本特征、产品的生产过程、产品的使用方法以及产品带给顾客的利益。

（1）商品名称

表面上看，了解商品的名称很简单，但需要注意可能要推销数种商品；商品的名称也可能不止一种，譬如有全称、简称，正式名及俗名等等，这些都要牢牢记住。

（2）商品的性能和特征

熟悉商品的性能和特征，是成功卖出商品的重要前提。如果你所推销的商品比市场上其他同类商品具有优势，你就更要注意掌握好它们，并将其作为推销的利器。反之，如果它比市场上其他同类商品差，也要知道差在什么地方，并事先做好应付顾客质疑的准备，打有准备的“仗”。

（3）使用方法

多数商品的操作都有一定的规范要求，使用说明书根本无法涵盖商品使用的所有注意事项。对此，销售人员切不可偷懒，以为大致了解一下就行了，要熟练地掌握所推销的商品的使用方法，以便更好地给顾客讲解。

（4）售后服务

售后服务是商品重要的竞争要素。有关售后服务，多数公司都有一定的规定，起码应该正确无误地向用户传达。因此销售人员一定要掌握商品售后服务的详细情况。

（5）同类商品情况

销售人员还要了解市场上同类商品的情况，以便与自己所推销的产品进行比较，找出自己产品的长处和短处。这样才能在给顾客介绍时，扬长避短，突出自己产品的竞争优势，更有力地说服顾客。

（6）带给对方的利益

推销产品的过程就是说服顾客认可产品的过程，销售人员必须使顾客相信自己的商品能够给他们带来利益。也就是说，销售人员要让顾客清楚了解到自己的产品是更能够帮助他们解决实际问题的。只有让顾客认识到这一点，顾客才会真正认真考虑是否购买该产品。

向顾客指出产品优于同类产品的地方

要想激发出顾客的购买欲望，让顾客了解到产品优于其他同类产品的地方是非常有必要的。顾客只有看到这种产品相对于其他同类产品的优势，才可能动心，才可能产生购买欲望。换一句话说，产品最能打动人心之处就是它独特的产品优势，因为顾客购买产品就是想利用产品的某项功能帮助自己解决问题。如果顾客被产品的独特优势打动了，自然就会产生购买欲望。

赵欣是一家家用电器公司的推销员，一次，他通过朋友得知，某社区敬老院预购买一批洗衣机，于是就来到该敬老院推销产品。

敬老院的院长陈为民接待了赵欣。知道了赵欣的来意后，陈院长明确表示："我们确实想换几台洗衣机，但是，今天上午已经来了三个推销员了。我正考虑买哪一种呢。这样吧，你也跟他们一样，留下一张名片，等我考虑好了给你打电话。"

赵欣知道，面对几个竞争对手只有突出自己产品的优势才能让对方选择自己的产品，如果只留下一张名片就离开，很难说他们会选谁的，因此决定进一步与陈院长沟通一下。他问陈院长："敬老院原来有洗衣机，为什么要换呢?"

陈院长说："原来的洗衣机用的年头多了，经常出毛病。而且现在老人多了，要洗的衣服也增加了，所以才想买几台。"

"是呀，洗衣机的修理既耗费时间又耗费精力。所以，我想帮您介绍一下我们公司的洗衣机，我想它一定可以很好地帮您解决这个头疼的问题。"赵欣说道。陈院长并不相信，摇摇头说："全天下的洗衣机的保修期差不多都是一年。"

赵欣郑重承诺："我们公司的洗衣机不一样，保修期不是一年，而是三年。并且，三年后还会负责上门维修，费用才是市场价的一半，这是我们产品的最大优势。"

听赵欣如此说，陈院长有些意外："那洗衣机的其他功能怎么样啊?"

"我们公司洗衣机的其他功能跟其他公司的洗衣机是一样的，费用也跟同类产品差不多，但我们的服务是其他公司所不能比拟的。同样的价钱拿到不一样的服务绝对是物超所值。"赵欣努力突出自己公司产品的竞争优势。

陈院长听到这，马上心动了："好吧，如果是这样，那你给我说说买这样的洗衣机的具体细节吧。"

这个事例中，赵欣就是向顾客突出了自己产品优于其他同类产品的竞争优势，把话说到了顾客的心坎上，才打动了顾客，最终落实了这单生意。

下面的例子也很好地体现了这个道理：

维奇曾受雇于美国一家食品公司。刚进公司头两年，维奇就超额完成了公司指派的销售任务，获得了公司领导的青睐。一次，公司领导把一批口感不算很好的豌豆罐头的销售任务交给了他，希望他能创造出奇迹，将它们销售出去。

维奇欣然接受了任务，他下决心一定要在最短的时间内把这批罐头卖出去，再创佳绩。但是怎样才能把这批口感不佳的罐头卖出去呢?为此，维奇苦思冥想，最终他想出了一个好主意。

维奇给自己的几个老顾客打了一个电话，约他们第二天到自己仓库，说有新产品要介绍给他们。第二天，几个老顾客如约来到维奇的仓库。他们发现，维奇的仓库里堆满了罐头，维奇不停地指挥工作人员把这些罐头往外搬。

看到顾客们都聚齐了，维奇对几个老顾客表达歉意道："真抱歉，我没有时间招待你们，今天通知你们来，是想介绍一种新产品，就是这种豌豆罐头。"

几个老顾客了解市场，看过罐头后，议论纷纷："这种罐头市场反应并不好，口感不佳……""是啊，都卖不出去。""说有新品介绍给我们，难道指的就是这个吗?"

维奇平静地对大家说："市场上的豌豆罐头颗粒大小不一，这种罐头，豌豆颗粒饱满，而且价格要比市场上的低。"他打开罐头指给大家看。

"颗粒是挺大，但是，它的口感不怎么好。"

"是的，由于颗粒大，影响了口感，但是它的营养价值高。现在人们都讲究健康营养，你们还不清楚吧，现在很多地方都掀起了吃这种罐头的热潮，相信不久之后，这股热潮就会席卷这里，到时候罐头的价格肯定会成倍地增长。你们是我的老顾客，所以我才把你们叫过来，看看你们是不是需要，希望大家不要错过了。”

顾客们低头商量，显得很迟疑。

维奇见顾客们还是拿不定主意，就继续说道：“如果集体订货的话，我会给你们优惠，并且负责送货上门。听我的没错，现在人们都喜欢吃健康食品，对口感的要求不那么苛刻了。这批豌豆罐头正好满足人们的这个要求，所以不要迟疑了。”

听了维奇的一番话，再看看房间里逐渐减少的货物，顾客们渐渐沉不住气了，纷纷要求订货，半天时间所有罐头都卖出去了。

维奇十分懂得恰到好处地将产品的优势向顾客展示出来，使顾客不得不动心，最后成功将这批滞销的产品卖了出去。

总之，要想使销售顺利进行下去，直至达成交易，在推荐产品时，销售人员就要努力突出产品的独特优势，最好展示出它的不可替代性。如果做到了这一点，就会有效地打动顾客，甚至于可以牵着顾客的鼻子走，最终将产品成功销售出去。

在推销的过程中，销售人员应该注意对产品卖点的说明，应该密切结合顾客的实际需求。否则，你用词再华丽，产品功能再丰富，也达不到吸引顾客的作用。

因此，在了解掌握了顾客的需求后，应该在心底默默分析产品的优缺点、顾客的需求与产品有哪些切合点，分析出产品的哪些优点是符合顾客期望的，顾客有哪些需求又是难以实现的，做到心中有数。这样才能强化产品的特点和优势，有针对性地对顾客发起进攻。

让产品获得顾客情感上的认同

在前面的论述中，我们已经知道，要想让顾客购买产品，就要设法激发出顾客对产品的兴趣来。如果顾客对产品感兴趣了，购买的欲望就容易产生，而购买欲望产生了，购买行为也就容易随之而来。反之，则很难达成交易。

从这个推断中，激发出顾客的购买欲望是所有这些环节中的重中之重。那么，如何能够引起顾客的购买欲望呢？其中，让顾客对产品在情感上认同是众多因素中非常重要的一项。

米勒是一名女性内衣销售员。他对朋友说："我承认，作为男性，当我向一位女顾客介绍产品的时候，很容易遭到白眼或者无视，但是随着销售经验的增多，我慢慢掌握了一些窍门，甚至发现了一些身为男性推荐女性用品的好处。"

米勒说这样的话并不是空穴来风，因为，当时米勒已经是一位业绩斐然的优秀销售员了。下面是他销售女性内衣的一个场景：

一个年轻女孩走进了店里。米勒先是远远地观望了女孩一会儿，当女孩稍稍在一排睡衣前驻足了一会儿时，米勒走上前去："你好，小姐，请问你是需要睡衣吗？"

"啊，是。"米勒的出现，让这位女孩有些吃惊，特别是发现米勒是一名男性导购员。

"那么需要我为你介绍吗，或者你可以告诉我你的一些要求。"米勒温和地问。

"嗯，你介绍吧。"女孩镇静地说道。

“好的，这几款都是100%纯棉的睡衣，是店里新到的款式，非常舒适。”

女孩点点头，打量着米勒介绍的那几款纯棉睡衣的款式。

“我们这几款花色睡衣卖得也很不错，有些码都已经断货了，请问小姐大概穿多大码呢?”米勒又一次有礼貌地问道。

“嗯，我想要中号，但这两种花色，我不知道哪一个更适合我。”

“噢，我来看看。”米勒仔细打量女孩，女孩也配合地将睡衣放在自己身上比划给米勒看。

“嗯，我觉得紫色典雅大方，更适合您。”

“那中号是否会有些大?”女孩问。

“完全不会，睡衣宽松一点会舒适许多，并且纯棉多次洗涤之后会有一定的缩水，中号的即使缩水也会合穿。”

“哦，是的，我以前的睡衣现在就小了。”

“嗯，真的不错，那就买这件了。”女孩爽快地决定了。

将女孩送到门口，从女孩的表情来看她十分满意米勒的服务。

“你怎么知道她喜欢紫色?”同事饶有兴味地问米勒。

“这很简单，你看她身上穿的外套是暗色的，背的包也是暗色的，这说明她对暗色的服装情有独钟。”米勒轻松地回答道。

“那你又怎么知道她会喜欢纯棉的睡衣?”同事又问。

“这一点是从她不张扬但看起来很舒服的装束上看出来的，她一定是一位低调、内秀的女性。总之，让她喜欢它，她就会买它。”米勒回答。

米勒销售成功的关键之处就是设法让顾客对产品在情感上产生认同，这个销售秘诀让他在推销活动中无往不胜。

要想让顾客对产品在情感上产生认同，首先得让自己对产品产生情感认同，只有自己认可自己所推销的产品，对自己的产品有信心，相信自己的产品是最棒的，是能够满足顾客所需的，才能充满信心地给顾客推荐。

另外，让顾客对产品产生情感上的认同，还要在要销售的产品和顾客之间找到一个连接点。这个点就是产品与顾客的共通点，即产品的哪些特征可以很好地凸显顾客的品位。如果找到了这个共通点，再将这个点凸显给顾客，顾客自然就会被打动了。

可通过下面三点，让你的产品获得顾客情感上的认同：

（1）用开场白吸引住顾客

首先要设计一个精彩的开场白，以吸引住顾客。什么样的开场白能够吸引住顾客呢？应当针对不同顾客进行不同设计，做到因人而异。无论是何种方式的开场白，目的只有一个，那就是引起顾客对产品的注意。

（2）引起顾客情感上的共鸣

同样一款产品对不同顾客的吸引是不同的。这就要求对顾客情况仔细了解，努力找到产品吸引顾客的地方，并将顾客情况与产品有机地结合起来，制造出完美的销售制胜点。

（3）努力提高自身素质

除了产品以外，销售人员还应当积极兼顾自身的塑造，这等同于为产品增加吸引顾客的筹码。顾客对你所销售的产品感兴趣，不仅是因为产品能够给他们带来效益，而是在这之前，他们还需要你的服务与帮助。销售人员的优异表现能够为产品增值加码，没有销售人员的精心推荐，顾客恐怕很难单纯对产品感兴趣。因此，销售人员一定要重视自身素质的塑造，努力提高自身素质。

总之，想要成功让顾客对产品产生情感上的认同，要从两个大方面入手：一方面是从产品方面入手，努力让产品黏住顾客的眼光；二是要从自身入手，积极提高自身素质。二者完美地结合在一起，相信定会让顾客对产品产生情感认同，进而推动销售进程。

对所售产品的功能进行现场演示

俗话说“耳听为虚，眼见为实”，很多时候，即使推销人员将产品和服务说得天花乱坠，顾客也不为所动。作为销售人员，要理解顾客的这种心理，你说得再好，也毕竟是你的一面之词，顾客不可能全信。这种情况下，只能依靠产品来打动顾客，增强自己的说服力。

如何依靠产品呢？最有效的方法是当着顾客的面对所售产品的功能进行现场演示。相比语言推销，实物功能演示更生动、更活泼，信息含量更大，更受顾客的喜爱和信赖，因此其本身的引导作用更大。看下面两个事例：

一位销售消防用品的销售人员去见一位准客户，见到客户后没有急于说话，而是从自己的物品袋里拿出防火产品，然后将其放入一个纸袋里，再用火将纸袋点燃。纸袋很快燃烧起来，并很快燃烧干净，可里面的防火产品却完好无损。

客户一下子被吸引住了，简答交谈过后，就签了订单。

一家铸砂厂的销售员带着公司新生产的产品去拜访一位老客户。在老客户的办公室里，这名销售员与老客户进行简单的寒暄之后，从包里拿出两张厚纸板，将它们在办公室的地上并排铺好。接着又从自己的包里取出来一袋砂。他将这袋砂摔在其中一张厚纸板上。顿时，办公室内腾起了呛人的灰尘，那位老客户有些生气，刚要说什么，只见这名销售员不慌不忙地说：“您先不要急，听我说，刚才那袋砂是目前贵公司正在使用的，是我从你们使用现场取来的。您现在再看看我们的新产品。”

说完，这名销售员又从包里取出来一袋砂，并用力摔在另一张厚纸板上。意外的是，这次却没有腾起灰尘。销售员接着说道："这两样砂，您认为哪个更好呢?"

不用听答案，情形很明了，老客户自然明白了销售人员的意思，他二话没说，立刻和这名销售员签订了订购一批新砂的购买合同。

可见，这种让产品帮自己"说话"的方式要远超过销售员滔滔不绝地只用语言介绍产品的方式，即使你讲得头头是道、条分缕析。

顾客的购买欲望容易被这种直观的方式所吸引，而且这种方式更能让他们信赖，毕竟"耳听为虚，眼见为实"，自己亲眼见自然要比听别人说更让自己放心。如果销售人员在现场演示的时候，能够再配以专业化的语言进行诱导，那么，效果会更好。

另外，如果演示能让顾客参与进来，也会强化演示的效果，让顾客对产品更放心。如，一位推销胶水的推销员让顾客帮忙在一页纸的一端涂上胶水，并将其粘在一本厚厚的书上，然后让顾客用这页纸把书提起来。通过这种方法，他向顾客显示了胶水的粘合力。显然这样的示范很有说服力。

当然，如果要让顾客参加示范，销售人员也要做好精心的准备，因为教别人使用某种产品与自己使用是截然不同的两回事。这种示范所产生的引导作用要比纯靠语言的引导作用强得多。一般来说，如果一次示范成功，顾客就会在很大程度上认可这种产品，取得推销的成功。

这种对所售产品功能的演示，还可以以幻灯片、网络视频为媒介，如把演示直接放到网上，推销员在外面可自由使用，顾客可直接点击观看，使产品信息传播得更加广泛。可把演示分为几个片断，供不同的顾客群使用，这样使演示既有很强的针对性，又有一定的适用性。

在运用演示法时，销售人员要注意处理好下列四方面的事情：

（1）演示之前一定要设计好、排练好演示的流程和动作。专业娴熟的演示会唤起顾客的好奇心，引起顾客的注意，同时也可增强顾客的购买信心。

（2）演示时一定要注意突出产品的主要性能。顾客购买产品，主要是购买产品的使用性能，因此突出展示产品的性能优点是演示的核心。

（3）想办法争取让顾客的参与进来。让顾客参与到演示中来，会增强顾客对产品的认同感和信任感。毕竟，无论销售人员如何优秀，顾客还是更相信自己的实践。

（4）演示的动作和说明的内容要真实。这一要求是从长远来考虑的，是为争取顾客的长久支持所做的一项投资。因此，从公司和个人的长远发展来看，这一点不容忽视。

总之，如果不想因用那些双方都听惯了的推销语言而使推销现场气氛沉闷的话，现场演示是一种很不错的选择。运用得好，演示的效果必然要远超过只用语言来推销的方式，会对顾客产生强大的引导作用。

货卖一张皮，让产品的包装打动顾客

俗话说“人要衣装佛要金装”，说的是包装的重要性。商业中，也遵循这个道理，“买椟还珠”的例子很好地佐证了这种现象。现代社会是商业社会，对包装的讲究更是上升到了一定层级。对产品进行包装早已经成为许多商家针对顾客的心理而做出的重大举措，因为许多人看中的是与商品价值不相符的外包装。

实际上，产品包装有多种功能，不仅仅是为了保护产品本身，为顾客的购买和使用提供便利，更重要的是使顾客在短时间内分辨出质量的好坏，唤起其购买欲望。而良好的、具有某种象征意义的包装，无形中会使顾客获得某种名誉、地位和身份，因此产品的包装是非常重要的。

在全世界享有盛名的白兰地的包装非常奢华，它的消费群体也都是一些有地位的群体，而普通酒是大众化的消费品。假如用白兰地一样的包装去包装普通酒，结果可想而知。平时卖10元的商品，经过这样的外包装要卖到30元~40元，这样就很难让顾客接受，甚至是根本接受不了。一旦不被顾客认可，那么这样的产品还能卖出去吗？显然答案是否定的。做这样的举例论述，意在说明包装也要适当，要掌握一个度，否则就会遭到挫败。这在历史上是有过先例的：

众所周知，俄罗斯人爱喝酒，并且爱喝烈性酒，因此大量的烈性酒厂便应运而生，每一个县城都有几家烈性酒厂，甚至连镇上也有。虽然政府从有利于治安的角度一再反对一些酒作坊生产烈性酒，可由于力度不够，总避免不了有些作坊偷偷地生产普通人爱喝的烈性酒。

由于受政策的限制烈性酒很少能在市面上出现，因此，一些厂商为了促销，便用精美的包装将这些烈性酒进行一番外包装。一来是为了遮住政府的眼睛，二来是为了适应顾客的爱美心理。这种包装精美的酒很快得到了顾客的认可。但在计算具体利润时厂商却大失所望，因为包装的成本过高，致使利润微薄，有的厂商只赚到微薄的利润，有的甚至无利润可谈。

很多商家只是盲目地追求精美的外包装，而忽略了成本标准，这就必然会增大成本支出，给自己带来利润损失。所以在追求精美的包装时，一定要兼顾到包装的成本，一定要两者兼顾，才能保证一定的利润。

20世纪90年代，英国出现了疯牛病，这给英国人带来很大的痛苦。因为牛肉是他们餐桌上的美味佳肴，少了它就像刚出生的婴儿断了奶一样。

为了满足顾客的需求，英联邦政府加大外贸进口，从国外大量进口牛肉。意大利的一家肉类加工厂捷足先登，率先同英国的外贸口岸取得联系，希望能和英国企业联手赚取更多的钱。当英国的一家进口公司接到意大利肉类加工厂的信函通知时，马上组织人员前往这家肉类加工厂洽谈业务。当有关人员到达这家肉类加工厂时，却发现他们的产品根本不符合进口要求。原来这家肉类加工厂的牛肉只包裹了简单的塑料薄膜，然后装在一个普通的纸箱里，所以英国的进口公司当场表示不能与他们签订进口合同。

意大利那家肉类加工厂不能与英国进口公司达成供需意向，关键就是他们的产品外包装太简陋，不能适应顾客的心理，致使这桩生意流产。

什么样的包装才是最恰当的呢？也就是说，什么样的包装才能打动顾客呢？简单说，要依据产品的价值，以及顾客的心理，同时还要保证一定利润空间的包装，才是适合市场的，也才有希望得到顾客的认同。

正当英国进口公司人员准备回国时，却意外地接到公司总裁的电话，要求他们暂时不要返回国内，到距这家肉类加工厂不足100公里的一个小城镇的一家肉类生产厂去看看。当这些人员赶往这家肉类生产厂时，这家工厂的老板及部分人员早已做好充分准备，一个并不太大的工作院内打扫得干净，各种各样的卫生宣传画到处可见。

当他们走进生产车间时，看到工人们井然有序地工作着。车间里很干净，从地面到墙面无一点污渍，到这里就像进了一家高级宾馆。

从这一点上看，英国进口公司的人员表示非常满意，并连声说：“OK，真了不起。”当这家工厂的老板带领他们进入冷藏室时，他们看到一排排放整齐的包装物时，感到很有兴趣。老板介绍说，这些肉类经杀菌后真空包装，而这些包装物又都是特制的，这样能使肉质长期保持鲜嫩，而且存放时间长。只要你不打开包装，存放时间可以在一年半以上，再看包装物的外表，也是相当精致。

英国客商当即拍板，要进口100吨牛肉。当他们把这些牛肉拉回国内时，被英国顾客一抢而空，以后意大利的这家牛肉生产厂就源源不断地向英国供应大量的牛肉。直到疯牛病过后，意大利的牛肉在英国仍然很吃香。一位英国老太太说：“看到这样的外包装，就好像肉是刚从牛身上剔下来一样新鲜！”这家肉类生产厂仅靠英国，每年就赚取了高额的利润。

这家肉类生产厂就是借助了恰当的产品包装打动了顾客，取得了顾客的信赖，并取得了成功，使自己的牛肉在英国很畅销，并从中赚取了高额利润。可以试想一下，假如这家肉类生产厂的产品包装不合适，也定会遭到顾客的嫌弃，从而失去交易的机会。

货卖一张皮，包装就像产品从待售阶段到消费阶段的“嫁衣”，如果包装美观适当，就像是无声的推销员，刺激顾客的购买欲望。相反，如果包装劣质，很难令顾客对产品本身产生兴趣。对销售人员来说，一定要重视对产品的包装，并努力让产品包装打动顾客。

酒香也怕巷子深，要懂得展示产品

形式的作用不可小觑，商品再好，如果不能得到有效的展示，其结果也多半不妙，因此要学会商品展示。

简单说，商品展示就是指把顾客吸引到商品面前，通过对实物的观看、操作，使顾客充分了解商品的外观、操作方法以及具有的功能。商品展示在推销过程中犹如一棵即将结果的树，不久就能带来甘甜的果实。

商品展示是顾客了解与体验商品优点的最好机会，也是销售人员诉求产品利益的最好时机。在商品展示时，如果顾客愿意投入时间观看你的展示，就表示他确实有潜在需求，这正是你能够证明自己提供的商品能充分满足他的需求的关键时刻，所以一定要把握好这种机会，有逻辑、有顺序、有重点、完整地说明及证明商品的特性及利益。通过这一展示不仅要说明商品的特性，满足顾客的利益，更重要的是要激起顾客的购买欲，借以达成卖出商品的目的。

商品展示前，要做好产品检查工作，以确定商品的品质与性能合乎标准。如果到顾客处展示，必须事先确认展示的各项条件，如电源、操作空间等是否合乎规定，同时还要准备好备用品，以免展示中出现意外，影响展示效果。还要看看展示用品是否准备齐全。

展示商品，既可以应顾客要求把商品搬到顾客处展示，也可以邀请顾客到你指定的地方进行展示。还可以邀请顾客参加商品展示会。

由于商品本身的特性不同，不同的商品在展示时，强调的重点也是不一样的，要么展示的方法不同，要么说明的方式各异。销售人员应尽可能地利用下列方法，让自己的展示更加生动、活泼，关键是要打动顾客的心，激起他的购买欲望。

（1）语言要通俗易懂

为了能让顾客充分理解展示所要表达的意思，在展示时不能过多地使用专业术语，因为那样会让顾客觉得过于复杂，使用起来也一定不方便。

（2）适当增加戏剧性

适当增加戏剧性，主要是为了吸引顾客的注意力，勾起顾客的兴趣。具体的方式可根据商品的不同以及展示方式的不同而灵活采用。

（3）尽量让顾客参与进来

此举是为了增强顾客的参与感，激发出顾客的购买欲。比如推销玻璃清洁剂时，在介绍完产品的性能和使用情况之后，可以热情地邀请顾客亲自试用，在试用过程中再对产品的细节进行更细致的解答。

这样顾客不但亲身试验了产品，看到了产品的效果，同时，通过销售人员的讲解又对产品的特点和细节有了更深层次的把握，自然而然就会对产品的功效有更深切的体会，购买欲也就被激发了出来。

（4）掌握顾客的关注点

展示说明的关键在于掌握顾客的关注点，询问并仔细倾听顾客的提问能让你尽快找到顾客的需求所在。就算是同样一部车，每位顾客购买的理由不尽相同，但结果都是买了这部车。因为有的人是因为觉得车子的安全性能设计得好而购买；有的是因为驾驶起来很舒适而购买。因此掌握顾客关心的重点，然后证明你能完全满足他们的需求，展示才会成功。

销售要懂点心理学

通常情况下，顾客在选购各类产品时都会有其相对固定不变的方向，如果能够顺着这相对固定的总体方向诉求便可以使你的展示更容易打动顾客的心弦。只不过前提之一是要了解所要销售的商品打动顾客的利益诉求重点，把握这些重点，就能收到事半功倍的展示效果。

SALE

下篇

销售成交期要赢得顾客心理认同

——在物有所值心理中实现双赢

进入成交期，顾客的心理变得尤为敏感，稍有“风吹草动”，就会警觉起来，甚至于影响到后续的交易。这种情形下，销售人员要根据具体情况及时给顾客吃“定心丸”，消除顾客的犹疑心理，并寻找有利的成交时机，与顾客完成交易，实现双赢。

第八章

巧妙利用顾客心理，在讨价还价中取得对方认可

进入成交期，顾客的消费心理通常比较复杂，有的想快速成交，免得夜长梦多；有的选择观望，等待更好的机会；还有的迟疑徘徊，是进是退，拿不定主意……这种情形下，销售人员要想办法摸清顾客的心理状态，然后巧妙利用顾客的种种心理，与顾客讨价还价，取得顾客对产品和服务的认同，推动交易迈出关键的一步。

分清轻重缓急，先聊产品再说价格

很多销售人员，特别是一些销售新人，在销售过程中，往往会被顾客所引导，过早地谈及价格，这是一种错误的销售手法。因为顾客可能因价格而一走了之，致使交易半途而废。优秀的销售人员往往会在有希望成交时再把价格以一种艺术性的手法阐述出来。

史密斯是阿肯色州一个皮革公司的销售经理。一次，他负责推销公司新生产的带状皮革制品。他把新产品展示给一个顾客看，然后问顾客："您认为这产品如何?"

"嗯，不错，我非常喜欢它，但是我猜想如果我想拥有的话，您会告诉我它是非常贵的，而我要为它付出一个荒谬的价格，在您之前，我已经听说了。"

"先不要去考虑这个。"史密斯说，"我知道您懂得贸易，经验丰富，您对皮革和兽皮都有一定的研究，您能告诉我它的成本是多少?"

顾客受了奉承，心里很是受用，也愿意回答。他告诉史密斯他认为可能是45美分一码。

"您说的对。"史密斯用惊奇的眼光看着他说，"您不愧是行家，真不知道您是怎样想到的?"

两人畅谈起来，最终，这名顾客从史密斯手里以45美分一码的价格订购了一批带状皮革制品。双方对事情的结果都很满意。但是，即使两人谈得很愉快，史密斯也决不会告诉顾客公司最初给产品的定价是39美分一码。

在这个事例中，史密斯就没有受顾客的诱导，过早把价格透漏给顾客，而是先说产品，在利用产品引起顾客兴趣时，再不失时机地将价格因素引入进来，让顾客给产品定价，最终取得了主动，完成了交易。

许多销售人员都会提出这样的一个问题："顾客在什么情况下会降低对产品价格的敏感度？"有这样的情况吗？答案是肯定的。实际上，当销售人员的产品和服务足够好，同时能够符合顾客的心理需求，那么它的价值便在无形中得到提升。这时候即使提出的价格较高，对方也没有太多的抵触情绪。

这说明了什么？说明了在产品、服务与价格的比较中，产品和服务才是至关重要的，价格是附属在产品、服务价值上的。越是独一无二的产品和服务，越能够彰显其价值的独特，在价格上也能够占据一定的优势。反之，如果产品和服务不好，即使价格很低，也鲜有人问津。只因为，产品和服务对顾客才是最重要的。

这也启示销售人员，在与顾客沟通时，要突出产品和服务的价值，弱化产品的价格。这也要求销售人员在与顾客沟通时，要先谈产品再说价格的原因所在。其目的就是为了先使顾客认可产品和服务的价值，然后在此基础上去谈价格，让顾客感觉物有所值而愿意接受价格。

如果顾客将价格的话题过早地抛了出来，这时，销售人员应当尽量回避直接作答，可以巧妙地将问题引导到产品价值方面。比如，可以说："至于价格的高低要依据产品的质量来定"，或是"那就需要看您选择的是哪种类型的产品了"。随后，将价格的话题引向产品的介绍中。

如果遇到一些执意要求谈论价格的顾客，那么，可以这样来回应：其一，直接告诉对方产品的价格，然后将话题引向产品的介绍上；其二，可以对顾客进行反问："您是不是真的想要我们的产品呢？""您需要哪种产品呢？"其三，不进行正面的回答，而进行侧面的诱导，"请问您需要多少产品呢？价格可以根据产品的订购数量来进行适当的优惠"。

这些回答方式各有优劣，比如说，顾客听到第一种回答后可能会说："我还是再考虑一下吧。"听到第二种回答后顾客很可能会说："不是，我只是随便问问而已。"或者说："暂时没有确定下来。"听到第三种回答后，顾客或许会谈及购买的数量。

所以，销售人员仅仅找到回答顾客的话还是不够的，还需要将顾客的需求和兴趣统统掌握住才有可能在面对顾客的提问时应答自如。总之，要把握好交流价格的时机，让顾客在最舒服的时候接受价格，下定购买的决心。

从顾客的角度来看，大部分顾客总是想买到更便宜的商品，这是人之常情。其原因多种多样，有的顾客有一种强烈的自我表现欲，希望在讨价还价中显示自己的能力，有的顾客对销售人员及其产品的价值不太信任，担心自己吃亏上当，还有的顾客想以价格为借口，获得其他方面的优惠，等等。正是基于各种心理，他们想早些知道产品的价格。

通常情况下，无论销售人员报出的价格是高还是低，绝大多数顾客出于不同的心理，总会对销售人员说价格高，进而与销售人员讨价还价起来。

销售人员要想在这种讨价还价中获胜，就必须首先分析在价格异议的背后，究竟是哪一种动机在作怪。唯有如此，才能摸准顾客是否有意购买或愿意花多少钱购买。对于无意购买的顾客，视情况可不再多费精力去与之周旋，而对于有意向购买的顾客，则要想办法促成交易。办法就是前面所说的要努力突出产品和服务的价值，以获得顾客的认可，最终促成交易。

总之，在销售过程中，销售人员要把握好产品价值和产品价格的关系，分清轻重缓急，让顾客明白应该以哪个为主，哪个为次，力争在顾客认可产品价值的基础上，让顾客接受价格，最终实现双赢。

让顾客多说“是”，少说“不”

营销学家发现，一旦让一个顾客开始就说“是，是”，顾客便容易忘了他们与销售员之间的争执，并且愿意做销售人员所建议的事。但是如果让顾客一开始说“不”，则会有相反的效果。

让顾客多说“是”，销售人员要站在顾客的角度，为顾客的利益着想，再采用顾客能接受的方式，才能获得顾客的认同，进而让顾客说“是”。

苏颖是一名银行职员，她对银行的规章制度十分熟悉，知道哪些程序必须要按照银行的规定来做，哪些程序是可以规避的。有一天，她突然想，能不能不要跟客户说银行需要怎么做，而是从客户的角度说，客户应该怎样做。如果这样的话，客户是不是很愿意配合工作？苏颖决定试验一下。

第二天，有一位年轻客户来银行办理存款业务，他拒绝填写表格中的某些资料，若是以前苏颖一定会告诉顾客：“银行规定的，这个必须填写。”但是今天她却说：“其实这一栏并不是非写不可。但是，假如你碰到意外，是不是愿意银行把钱转给你所指定的亲人？”

“是的，当然愿意。”顾客回答。

“那么，你是不是认为应该把这位亲人的名字告诉我们，以便我们届时可以依照你的意思处理，而不致出错或拖延？”

“是的。”他再度回答。

这时，年轻人的态度已经缓和下来，知道这些资料并不只是为银行而留，而是为了他自身的利益。所以，最后他不仅填写了所有的资料，而且在苏颖的建议下，开了一个信托账户，指定他的母亲为法定受益人。当然，他也回答了所有与他母亲相关的资料。

事例中，由于刚开始时苏颖就让顾客做出肯定的回答，这样反而使顾客忘了原本所坚持不愿回答的问题，而很乐意地去按照苏颖的建议做了许多事情。这种让对方说“是”的沟通技巧让苏颖挽回了一位差点失去的顾客。由此可见，一个销售人员想要成功，学会让顾客做出肯定回答有多重要。

在与顾客的交流沟通中，让顾客说“是”尤为重要，它会一步一步将交易引向成功。这个时候，顾客的心理往往很敏感，一旦察觉哪儿不对，会极大地动摇他做交易的决定。因此，这个时候，一定要引导顾客多说“是”，水到渠成地完成交易，而避免让顾客说“不”。

戴维斯是西冷机械公司的推销员。他负责推销的区域内住着一位富翁。戴维斯积极与这位富翁接触，向其推销发动机。

经过三年的公关，这位富翁终于许诺通过戴维斯购买几部发动机。戴维斯再次去拜访这位富翁的时候，富翁却说戴维斯推荐的发动机太热，不能把手放在上面。

戴维斯知道这个时候是关键阶段，处理不好很可能前功尽弃。于是，他打算找出让对方说“是”的方法来。

稍想了一会儿，戴维斯对那位富翁说：“安德森先生，如果我推荐的发动机确实过热的话，您不应该再买。无论是谁都不希望花了钱买到热量超过标准的发动机，您说是不是?”

“是的。”安德森说。

“是这样的，安德森先生，”戴维斯接着说，“我国电工行会的规定是，一架标准的发动机的温度不能比室内温度高72华氏度，是这样吗?”

“是的。可是你的发动机却高出了这一温度。”安德森说。

“您能告诉我您工厂的温度是多少吗?”戴维斯问他。

“75华氏度。”安德森想了一会儿然后说。

“既然这样，那就好了，”戴维斯笑着说，“75华氏度加上72华氏度等于147华氏度。如果你将手放在147华氏度的水里，你会不会被烫伤呢?”

“当然会的。”安德森不得不承认。

“既然这样，”戴维斯继续说，“我建议你最好不要把手放在147华氏度的发动机上面。”

安德森沉思了一会儿，然后说道：“我明白你的意思了，我认为你是对的。”

接着他们又谈了一会儿，最后，安德森答应第二天与戴维斯签订购买10台发动机的协议。

事后，戴维斯总结道："争辩不是聪明的办法。我们要站在对方的立场上去看问题，要设法让对方说'是，是'，这才能让交易真正走向成功。"

在销售的过程中，特别是在成交期，销售人员与顾客交流的时候，尽量避免谈论一些可能有分歧的事，应该先强调彼此都同意的事，并且需要不断地强调，以换来对方肯定的答复。在这个过程中，可以试着让对方知道，即使你们有分歧，那也只是方法上的分歧，而不是目标上的。如果能做到让顾客多说"是"，少说"不"，就表明交易正在向前不断迈进。

让顾客参与对所售产品的评判

参与重要吗？答案是肯定的，准确点说不但重要，而且十分重要。下面的例子很有趣，却说明了这个道理：

前苏联有一位画家每次给小说画插图时，总是在插图的一个角画上一只狗。负责书稿的编辑当然坚决要求删除这条不伦不类的狗，而画家则"据理力争"，要求保留这只狗。但苦于辩驳不过编辑，最后才"迫不得已"忍痛割爱。

结果，插图的其他部分在几乎没有什么改动的情况下就发表了，画家达到了他真正的目的。画家为什么要多此一举画这只狗呢？实际上，这个画家的目的很明显，在保证画的真正内容不受损害的情况下，给编辑一点"参与"的方便。

从这里我们可以看出参与的重要性。喜欢参与是人类的一项特点，参与到某活动中会让一个人感觉到自己的重要性，增强存在感；同时也能感受到来自他人的尊重和信赖，从而激发出热情。

销售人员可以把这个“原理”应用到自己的销售活动中，也就是想方设法让自己的顾客参与到自己的销售活动中，特别是让顾客参与对所售产品的评判。事实上，若能让顾客参与对所售产品的评判，就会大大增加顾客对产品的了解，增强对产品使用的信心。另外，还可以使顾客获得重视感，从而赢得顾客的欢心，对交易的顺利开展十分有利。

A市最大的民营医院为了满足市场需求，准备购进一批X光机。院方把这项采购任务交给了医院照射科的一位主任。消息传出后，这位主任每天都被多个X光机生产厂家的销售人员包围。这些销售人员在这位主任面前不停地夸奖他们推荐的机器设备有多先进，有多灵光，这位主任不厌其烦。

有一名销售人员却与众不同，他设法见到这名主任后没有像其他销售人员那样滔滔不绝地介绍产品，而是对主任说：“谢谢您在百忙之中给我这段时间，我简单说，我们公司生产出一套新的X光机，十全十美自然是不敢说的，它肯定有不足之处，因此我们想更好地完善它，改进它，现在我们需要一个专家来对这款新机器进行一个科学的评价，以便我们能够知道如何才能使它变得更好。因此，想请您百忙之中找个时间帮我们去测验一下，看看如何改进，才能更有利于您的这一行业要求，您的宝贵意见对我们十分重要，定会让我们的机器更完善。我们知道您非常忙，所以会在您方便的任何时候恭候您，我们非常想听到您的指教。”

这位主任听后，脸上露出高兴的神情，对这名销售员说：“你这么说出乎我的意料，这让我感觉我很重要。说实话，到目前为止，还没有任何一个X光厂商向我请教设计制造方面的问题，你是第一位。确实，我的时间很紧，我非常忙，但为了这份信任，我决定推掉明晚的私人约会，而去看你们的机器。”

第二天下班后，这个主任果真没有去赴私人约会，而是随着这名销售人员去看他们新生产的X光机。在看过机器后，这个主任给予了高度肯定，并认真地提出了几点意见。沟通在友好的气氛下进行，最后，这个主任决定向这家厂商购进一批这种型号的X光机。这个销售人员的销售策略见到了效果。

诚如上面所说，让顾客参与对产品的评价可以使其更加懂得商品的真正价值，更深刻地体会到自己拥有这一商品的实实在在的好处，从而极大地促进其做出购买的决定。

从一定角度来讲，产品的好坏是由顾客决定的，那么销售人员就应该想尽办法为顾客亲身感受产品的功效而创造机会。在这个过程中，销售人员要掌握让顾客参与的最佳时机，在最佳时间让顾客参与进来，并且恰到好处地让顾客感觉到产品的优势，从而有效地推动交易进程。

报价有讲究，给顾客留有议价空间

讨价还价几乎是所有顾客在消费过程中的行为，如果一个商家在门口挂着“谢绝议价”的标志，很多顾客是会因此止步的。因为市场经济条件下，讨价还价已经是一种可能和必然，如果某件产品标价380元，最后经过讨价还价，顾客以180元的价格买下了这件产品，他会非常高兴。不论这件产品的价值是不是180元，但是经过自己的努力，他以这个价格得到了，他就会非常开心。

相反，如果商家给出了180元的价格，却拒绝议价，顾客很可能不会购买这件产品，即使这件产品真的在降价出售，顾客也多半不愿意购买。他们会认为商家没有人情味，即使原本打算购买的念头也打消了。

鉴于顾客有这样的心理，作为一名销售人员，在给顾客报价时，一定要给对方留下可以还价的空间，让他们满足于讨价还价的过程，这样最后成交的概率会大大提升。

一个女孩在一家服装店看上了一条非常漂亮的裙子，想买下来。但是最后在谈论价格时，商家坚决不让步。这条裙子标价290元，女孩表示希望再优惠一些，可是商家的回答让她不想在这里买任何东西了，商家说："没看见我们门口写的字吗——谢绝议价。如果你不能接受这个价格，那就别买了。"

显然商家导购小姐的话让女孩很生气，女孩很喜欢那条裙子，就算商家肯便宜10元钱，女孩都打算买回来。但是没想到商家不但不让还价，而且服务态度还不好，语气强硬。于是，女孩当即离开了。

女孩在另外一家店又看到了同样的裙子，商家的标价是390元，女孩还没开口，商家就笑盈盈地对她说："美女，喜欢的话，可以先试试，如果穿着好看，我们会有优惠。"这话让女孩刚才的不愉快顿时消散了，她高兴地试穿了那条裙子。试穿的效果让女孩很满意，于是女孩让商家优惠一些。导购小姐笑着说："其实这条裙子也没多大的利润，但是看你穿着这么合适，想要特意去找这样的模特还找不来呢，你穿着就相当于给我们店的服装做宣传了。这样吧，给你打八五折吧，331元。"

这个价格超过了女孩所能接受的范围，于是女孩说："这个价格实在超出了我的心理承受范围了。再优惠一些吧，给我一个最优惠的价格。以后我会常光顾的。"商家看出了女孩真心想买，所以又说："你这个小姑娘，怎么就让我不忍心拒绝呢？好吧，好吧，给你一个我们店的VIP顾客才能够享受到的折扣吧，一口价300元。这个价格可是最低了，不能再砍价了。"

女孩一听，暗自琢磨："比上一家贵10元呢，但是10元算什么，我情愿多花这10元，对方说得我都心花怒放了，至少心理平衡了，因为我觉得在讨价还价中，我赢了。所以我宁愿多花10元钱买个心情好，也不愿意因为那家便宜而听对方的冷语、看对方的脸色。"想到这儿，女孩爽快地掏出300元钱把那条心仪的裙子买下了。

这个事例告诉销售人员一个道理，那就是很多顾客并不喜欢一口价。哪怕你给出的价格的确是便宜的，也不如给他们一个讨价还价的空间，以便满足一下他们喜欢砍价杀价的心理。通常情况下，顾客往往不相信销售人员第一次给出的价格就是最低价格，所以，如果你不给他们留有议价的余地，他们便不会心甘情愿地购买。

另外，销售人员要注意，虽然报价往往高于自己的最优价格，但是也不可以狮子大开口，防止吓到对方，导致对方知难而退，甚至一走了之。如果真是这样的话，报价就毫无意义了。

报价的时候，一定要让顾客感觉到这个价格是可以商榷的，当顾客领悟到“砍价机会”的时候便能够用一种期待的心态来进行交谈，卖家便可以趁机摸清顾客的价格意图。销售人员可以这样与顾客沟通：“刚才听了您的具体需要，我认为在价格上还是可以为您做出一定调整的，当然，这需要根据您要求的订购数量、包装质量、售后服务等具体情况来定。”

这样的话语会让对方感觉到其中还有商量的余地，通常会将价格往低处说。这时，销售人员可以给出一个具体的心理底线，比如说：“虽然我们可以在价格上商议，但是我们所能够接受的最低价格是……”显然这个最低价格也还是高于最优价格的。经过这样的讨价还价，顾客可能会想：“虽然感觉这个价格还是有些高，但这是让步后的价格了。”如果顾客有了这样的想法，那么他就有可能接受后面的这个价格了，交易也就由此可能达成了。

作为销售人员要时刻记着，有些顾客在乎的不是产品的价格高低，而是他们想通过和你的讨价还价获得一种成就感。所以，一个优秀的销售员不仅要有丰富的专业知识，还要懂得并善用顾客的一些心理，以使交易实现主客双赢的美好局面。

利用环境的力量获得顾客认可

毋庸置疑，环境会影响到人，不同的环境带给人的感受是不同的，有的环境可以带给人舒适、放松、宁静的感觉，而有的环境则可以带给人紧张、压迫、不安的感觉。一般情况下，人们在面对充满危险的环境时，会变得谨慎、不安、恐惧，甚至会产生逃避的想法，这说明环境的威慑作用使其心理受到一定的影响，并进而影响到人们的一些行为和选择。

一位心理学家曾做过这样一个实验：他让10个人穿过一个黑暗的房间，在他的引导下，这10个人都成功地穿过去了。然后，心理学家打开房内的一盏灯，在昏黄的灯光下，大家都惊出一身冷汗，原来地面是一个大水池，水池里有十几条大鳄鱼，水池上方搭着一座窄窄的小木桥，刚才他们就是从小木桥上走过去的。

这时，心理学家问："现在，你们当中还有谁愿意再来一次呢？"结果没有人敢站出来再走一次。过了一会，有两个胆子比较大的人站了出来。两个人小心翼翼地走上窄窄的小木桥，速度比第一次慢了许多，而且个个都很小心，生怕摔下去，送了性命。终于走到了尽头，两个人却都是满头大汗，心还在怦怦乱跳。

后来，心理学家又打开房间的几盏灯，人们看见小木桥下方装有一张安全网，由于网线颜色极浅，他们刚才没看见。"你们谁现在愿意通过这座小桥呢？"心理学家问道。这次站出来的人比上次多了一些，有6个人愿意再走一次，毕竟有安全网保护，危险性就降低了很多，即使掉下去也不会有什么大事。虽然6个人还是比较小心，但是速度快了很多，一会儿就顺利地通过了小木桥。

最后还剩下的两个人没有站出来，心理学家问："你们为何不愿意呢?"此时，两个人异口同声地问道："这张安全网牢固吗?"这时，心理学家笑了笑，把房间里所有的灯都打开了，光线更足更亮，大家这才发现，原来水池里的大鳄鱼都只是模型而已，不是真的鳄鱼。

这个实验说明了什么？说明了环境对人的心理可以起到巨大的影响和作用。在不知情的情况下，10个人都很轻松地通过了小木桥。而当发现环境其实是充满危险的时候，人们的心理发生了变化，进而选择也发生了变化，因为他们受到了一种环境威慑力的影响。随着环境中危险因素的减少，其威慑力也逐渐减小，人们采取行为时所受的影响也就变小了。

这种现象也启示人们可以借助环境的力量，使他人感觉一定的威胁或者警示，借此影响到对方的行为，让形势变得有利于自己。

在销售活动中，销售人员要善于利用环境，给顾客造成一定的威慑和压力，以此来使形势变得有利于自己，比如，当顾客对产品的质量和信誉表示怀疑时，销售人员可以通过一些有力证据来说明自身的实力。

乔·吉拉德在自己办公室的墙上挂上他荣获的各种奖章，还有一些登着自己事迹的报纸、杂志、文章以及和某些重要人士合拍的照片。这些"广告"有力地给他自己以及他的产品做了最好的证明，无形中对顾客产生了一种作用力，使其加大对自己的信任度。这使乔·吉拉德总是能十分顺利地推销出自己的产品。

李琦是某品牌手表的代理人，他在商店开了一个专柜专门卖自己代理的品牌手表。每次有顾客光临的时候，他都会绘声绘色地描述手表的质量如何优质，性能如何良好。但是由于产品价格很高，很少有顾客问津，更别说购买。

李琦有着非常好的口才，他把手表的功能说得神乎其神，但是很多顾客反而更加怀疑，最多也只是看看，真正购买的没有几个。一个月过去了，李琦只卖出一块手表，连柜台的租金都不够。

李琦分析，顾客之所以不敢购买他的手表，最主要的就是不相信商品的质量，而自己缺少对商品的有力证明。那么，如何才能证明自己的商品的质量上乘呢？他想制造一种环境和氛围，来影响顾客的决定。

李琦买了一个鱼缸摆在自己的柜台上，并把两只手表放进了鱼缸里。这个行为很快就吸引了很多顾客过来围观。这时，李琦开始介绍自己销售的手表的防水防震功能，并把手表从水里捞出来让顾客传看，水表正常精准地走着，证明了优越的不怕水的性能。

接着李琦在把手表递给顾客传看的时候，故意没有抓牢，使表掉在地上。顾客吓了一跳，赶紧捡起来，看了看，还好没有摔坏。当他把手表还给李琦的时候，李琦居然又使劲儿地把手表摔在地上，但捡起来后，手表依然没有任何损伤。

这下，顾客都相信手表的质量了，而此时，李琦又拿出手表的质量证书以及专家的推荐，并声明现在是推广期，限量销售，买晚了就买不到了。结果顾客开始纷纷抢购他的商品，他的生意一下子火了起来。

李琦借助环境的烘托和感染，使顾客产生了很大的好奇心，继而通过巧妙的产品展示，获得了顾客的信赖感，并促使他们立刻行动，进行购买。

“君子生非异也，善假于物也”，在销售中，有些时候，光靠销售人员苦口婆心地劝说，并不能起到太大的作用，要善于利用环境，给自己制造气势，消除顾客的疑虑，获得顾客的信赖，最终征服顾客。

学会识别成交的三种心理信号

对于销售人员来说，进入成交期就意味着进入了公关的关键时刻，如果这一时期顺利，那么交易就会水到渠成。但如果不顺利，那么，交易可能就会半途而废，戛然而止，前期的一切努力都将白费。销售人员自然不愿意看到自己的努力付之东流，所以在成交期更加谨慎、更加努力。

有经验的销售人员都非常清楚，在成交期有一些成交时机总是若隐若现，难以把握。如果能够把握住这些难得的机会，则极有可能会促成交易。

心理学上有一个名词叫“心理上的适当瞬间”，这个心理学名词在销售行业被赋予了特定含义，是指顾客与销售人员在思想上完全达到一致的时机，即在某些瞬间买卖双方的思想是协调一致的，此时是成交的最好时机。若销售人员不能在这一特定瞬间成交，成交的希望就会落空，再次成交的希望就变得渺茫。

在销售中，对“心理上的适当瞬间”的把握是至关重要的。把握不适当，过早或过晚都会影响交易，所以，优秀的销售人员都非常注重对“心理上的适当瞬间”的把握。“心理上的适当瞬间”不是空穴来风，它的到来必定伴随着许多有特征的变化与信号，善于警觉与感知他人态度变化的销售人员，能及时根据这些变化与信号，来判断“火候”与“时机”。

一般情况下，顾客的购买兴趣是“逐渐高涨”的，且在购买时机成熟时，顾客的心理活动趋向明朗化，并通过各种方式表露出来，也就是向销售者发出各种成交的信号。成交信号是顾客通过语言、行动、情感表露出来的购买意图信息，有些是有意表示的，有些则是无意流露的，后者更需要销售人员细心观察。通常情况下，顾客的成交信号可分为语言信号、表情信号和行动信号三种，对这三种成交信号，销售人员一定要及时识别，并充分利用，以促成交易。

（1）语言信号的识别

相当一部分顾客有购买打算时，从其语言中是可以得到判定的。例如，当顾客说：“你们有现货吗?”这就是一种有意表现出来的真正感兴趣的迹象，这表明成交的时机已到。再比如，顾客询问具体价格，这也是一种想成交的预兆，因为询问价格说明他兴趣极浓，商讨价格时，更说明他已经做好了成交的准备。

语言信号的种类很多，有表示欣赏的，有表示询问的，也有表示反对意见的。应当注意的是，反对意见比较复杂，反对意见中，有些是成交的信号，有些则不是，必须具体情况具体分析，既不能都看成是成交信号，也不能无动于衷。

（2）表情信号的识别

有些时候，顾客的面部表情可以透露出他们的购买意向。眼睛注视、嘴角微翘或点头赞许都是顾客心理感受的表露，通常可以视为成交信号。从明显的行为上，也完全可以判断出是急于购买，还是抵制购买。

及时发现、理解、利用顾客表露出来的成交信号，并不十分困难，其中大部分也能靠常识解决，具体做法一要靠细心观察与体验，二要靠销售员的积极诱导。当成交信号发出时，及时捕捉，并迅速提出成交。

（3）行为信号的识别

行为信号是那些顾客在形体语言上提供的线索。这些信号会告诉销售人员，他们在心里已经做了准备购买的决定。有些时候，购买信号是突然的，销售人员一定要细致观察顾客，当顾客发出购买信号，表示出购买的意愿时，销售人员就不要再谈论产品，而要准备下一个步骤。

细致观察顾客行为，并根据其变化的趋势，采取相应的策略、技巧加以引导，在成交阶段十分重要。假设销售人员已经将自己的想法用简单有效的方式表达出来，而且详细讲述了产品的优点与便利之处，也了解了顾客想接受的程度。在销售过程中，销售人员要始终注意顾客的购买信号。有经验的销售人员往往能感觉到顾客什么时候准备购买，并在捕捉到了顾客的购买信号后，及时采取下一步措施，把交易推向成交。

如果成功捕捉到顾客的购买信号，并且给出合理的对策，就会缩短销售时间。因为在合适的时间、时机下，即顾客心理上准备做出决定的时候，要求顾客购买产品，顾客就会容易付诸行动，这样就节省了很多时间。

制定成交策略的四个要点

成交策略是促成交易活动的基本战略，适用于各种商品或服务的买卖活动，是对成交方法的原则性规定，是销售人员在促进成交的过程中必须遵守的活动准则。为了更有效地促使顾客购买，达成交易，销售人员必须掌握成交的基本策略。成交策略的制定通常要兼顾到以下四点：

（1）掌握洽谈的主动权

掌握洽谈的主动权是制造成交机会、有效运用成交策略的必要条件之一。销售人员如果掌握了洽谈的主动权，按照事先所制定的计划开展洽谈，就可以较容易地获得成交的机会，更有效地运用成交策略。

为了达到这个目的，销售人员要做到：第一，在规划洽谈阶段做好充分的准备，制订一个完善的洽谈计划；第二，运用各种方法引导洽谈朝着既定的轨道前进；第三，不要把掌握主动权理解为操纵与控制顾客，而是要适当鼓励顾客表达自己的观点与要求，然后通过对顾客的观点、要求做出恰当的反应来掌握主动权。

销售人员要先向顾客介绍产品的特征和利益，或者向顾客说明成交条件。后就产品或成交条件询问顾客的看法。当顾客的观点与自己一致时，可以继续后边的介绍或说明，如果不一致，则要重新讨论，直至双方达成一致。

（2）考虑顾客的特征

与销售过程的其他环节一样，促进成交的方法也是因人而异，并与顾客的需求状况、个人特征相适应。只有这样，成交的方法才能发挥最大效力。对于一些顾客来说，直接请求其购买也许是最有效的方法，而对另外一些顾客来说，直接请求成交则可能意味着对他们在施加压力。对于单位的专职采购人员，只需销售人员简明扼要地说一下产品的特征，就能够确定是否应该购买，而对于没有多少产品知识的顾客来说，只有在销售人员详细说明产品的特征之后，才能决定是否购买。

如果销售人员不考虑特定顾客的需求状况、个性特征，成交方法的使用就会有很大的盲目性，也就难以取得预期的效果，销售业绩也上不去。因此，销售人员要根据顾客的不同特点采取不同的销售策略。

（3）保留成交空间

保留成交空间就是要保留一定的退让余地。现实中，好多交易的达成都会经历讨价还价，很少有交易是按最初报价成交的，尤其是在买方市场的情况下，几乎所有的交易都是在卖方做出适当让步之后成交的。因此，销售人员在成交之前如果把所有的优惠条件都给了顾客，当顾客要求再做些让步才同意成交时，就没有退让的余地了。所以，为了有效地促成交易，销售人员一定要保留适当的退让余地。比如，一个空调报价3500元，当顾客说要优惠的时候，不能直接告诉他最低的成交价格，而是在3500元的基础上适当降一点，最好补充一句："这个价格是最优惠的价格了，不能再降了。"如果顾客坚持再优惠一些，那么在没有办法的情况下，可以再降一点，以促成交易。当然这个价格依然要高于最低价格。

（4）诱导顾客主动成交

诱导顾客主动成交，即设法使顾客主动采取购买行动，这是成交的一项基本策略。如果顾客主动提出购买，很大程度上，意味着顾客对产品及交易条件很满意，以致顾客认为没有必要再讨价还价，因而成交会非常顺利。所以，在销售过程中，销售员应尽可能诱导顾客主动购买产品，这样可以减少成交的阻力。

销售人员要努力使顾客觉得成交是自己的意愿，而不是来自外界的强迫。通常，人都是喜欢按照自己的意愿行事。由于自我意识的作用，对于他人的意见总会下意识地产生"排斥"心理，尽管别人的意见是正确的，也不乐意接受，即使接受了，心里也会感到不畅快。因此，销售人员在说服顾客采取购买行动时，一定要让顾客觉得这个决定是他自己的主意。这样，在成交的时候，顾客不会感觉到自己是被迫而采取购买行动的，因而心情是舒畅的。在一定程度上，这避免了节外生枝的事情发生。

第九章 揣摩顾客犹豫心理，排除顾客异议促进交易进程

一般来说，在成交期，很多顾客都会因为某种原因而有所犹豫，这种犹豫让顾客迟迟不能下决心将交易进行到底。这种情况下，销售人员一定要揣摩清楚顾客的犹豫心理，知道顾客因为什么而不能下决心将交易进行到底。是因为价格因素，还是因为产品质量，抑或是服务态度。探查清楚心理根源后，针对顾客的犹豫心理给予专业的释疑解惑，推动交易实质性向前发展。

什么情况下顾客往往说“不”

销售人员遭到顾客拒绝是家常便饭，有的时候甚至被顾客扫地出门。对此，销售人员要做好心理准备，首先不要因噎废食，因害怕顾客拒绝就对销售失去信心，要充分认识到销售中遭到顾客拒绝是十分正常的事，从没有遭到拒绝的销售是极其罕见的，甚至几乎是不可能的事。

其次，要做到在遭到拒绝的时候，能够擦亮眼睛，察言观色，通过观察了解顾客为什么说“不”，也就是要探查清楚顾客说“不”的真正原因。

事实上，顾客拒绝销售人员的推销服务有多种原因，作为销售人员一定要细心揣摩顾客的心理，通过对顾客的察言观色，摸清顾客拒绝的具体原因。一般来说，顾客说“不”的原因有下列几种，销售人员要根据具体情况确定到底是哪一种原因，以便采取有针对性的措施，消除顾客的疑虑，推动交易向前发展。

（1）因不需要说“不”

很多时候，顾客是因为不需要某产品或者服务，而拒绝销售人员的推销。这种情况下，作为销售人员要谨记销售活动的一句名言：需求是创造出来的，并在此基础上，积极向顾客推销产品或者服务。

顾客因不需要而拒绝，有可能是因为他没有意识到自己的需要。所以，作为销售人员，首要任务就是让顾客认识到这种需要，并把这种需要强化，让顾客感觉到自己原来也是需要某产品或服务的。另外，也有顾客不购买产品或服务的重要原因是他们确实不需要。这种情况下，销售员一定要凭借敏锐的观察力，或通过提出一些问题让对方回答，来了解顾客需要之所在，以便真正满足他们的需要。

（2）因没时间说“不”

这是一种最常见的拒绝销售人员推销活动的方式，一般而言，这多半是顾客的一种借口。这种情况下，销售人员要凭借观察看出对方究竟是真忙而没时间接待自己，还是假忙想打发走自己。如果对方是真忙，那么可以另外约个时间再谈，而不要一味纠缠，而如果是假忙，适宜单刀直入，直奔主题而去。如果能在开始的几分钟引起对方的兴趣，就预示着事情有转机，交易僵局有可能被打破。

（3）因金钱不够说“不”

一般来讲，金钱的多少将直接影响顾客的购买力，所以碰到自称没钱的顾客，理论上讲还是有希望的。解决的办法主要是摸清他们的真实想法：是真的没钱？还是目前钱不够？还是对产品质量有顾虑？多站在顾客的角度想想，才有可能促成一笔生意的成功。

（4）因看好别家说“不”

前期交流沟通都很顺利，眼看很快就能成交了，但此时顾客却突然说要再考虑考虑。几天后，再联系对方，对方答复：“不好意思，我们已经选择了别家产品了。”为了避免这种情况出现，在顾客说再考虑考虑时，销售人员一定要跟紧顾客，进一步把交易坐实，而不要出于礼貌说：“那你再考虑考虑吧。”

（5）因嫌贵说“不”

随着生活水平的提高，人们越来越看重质量。因此，嫌产品或服务贵可能只是个别现象。另外，“一分钱一分货”之说，也必然影响到人们的消费心理，所以嫌产品或者服务贵多半是表面现象，而不是顾客内心真正的想法。

这种情况下，如果销售人员能让顾客充分认识到产品带来的价值，顾客则极有可能改变之前嫌产品贵的想法。所以，销售人员一定要在阐释产品的价值上下工夫，让顾客对产品的价值有全面的了解。

（6）因本能拒绝说“不”

有这样一个调查问题：在进行销售访问时，你是怎样被拒绝的？调查结果显示：顾客没有明确拒绝理由占拒绝总体的70.9%，这说明有7成的顾客只是想随便找个借口搪塞销售人员。这种拒绝的本质是拒绝“销售”这一行为，可以把它称为防卫型拒绝。这种情况只能根据各自不同的拒绝理由，采取不同的应对措施。

（7）因不信任说“不”

人们通常认为，销售的关键取决于产品的优劣程度。这虽然有一定的道理，但不能一概而论。有时即使是好的产品，在不同的销售人员身上的业绩也大不相同，原因是什么呢？大量的证据表明，在其他因素相同的情况下，顾客更愿意从自己所信任的销售人员那儿购买。所以有时候，顾客说“不”是因为他不相信向他推销产品或服务的销售人员。这就启示销售人员要想成为一个成功的销售员必须在如何获得顾客的尊重和信任方面多动脑筋。

（8）因不急需说“不”

这是顾客利用拖延购买而进行的一种拒绝。一般情况下，当顾客提出推迟购买时间时，表明他是有购买意愿的。但这种意愿还不是很强烈，尚未达到促使他立即采取购买行动的程度。

对付这种拒绝的最好办法是，让顾客意识到立即购买带来的利益和延误购买将会造成的损失。这样的对比之下，一定程度上会促进顾客购买进度的。

上面这些拒绝理由是顾客拒绝销售人员而常用的，销售人员要了解顾客说“不”背后的真意。只有洞悉了这些隐藏在“不”后面的真意，才能知道应该采取什么样的策略应对，也才有可能将交易进行下去。

顾客说“考虑考虑”背后的真意

很多时候，销售人员会面对这样的情况：明明顾客有现实需求，但是他们往往会说“我要考虑考虑”“我不会就这样下决定，让我想一想”等诸如此类的话。顾客这样说的真实目的是什么？换一句话说，顾客说“考虑考虑”背后的真正含义是什么呢?

诸多的事实证明，顾客说“考虑考虑”多半是一种委婉的拒绝，是一种借口。“考虑考虑”之后，销售人员等来的多半是交易的泡汤，或者是漫长的等待。

销售人员一定要明白这一点，不要傻傻地相信顾客考虑好了之后会主动和你完成交易。事实证明，这种情况发生的几率很小。所以，在顾客说“考虑考虑”的时候，销售人员一定要采取有效的应对措施，力挽狂澜，努力挽救摇摇欲坠，甚至是岌岌可危的交易。

销售人员要看到，有借口比直接拒绝更有促成销售的可能。只要针对不同顾客，巧妙地采用不同方法引导，就会有效地堵住顾客的借口。当你用无比激昂的热情和真心去感染顾客的时候，谁又敢说顾客一定不会改变主意呢？下面的例子会告诉你这个道理：

一位看上去很有修养和气质的女士到服饰专柜看时装，销售人员给她介绍了好几个款式，结果那位女士不是觉得款式有些过时，就是嫌质量不够好，要么就是觉得颜色有些不正。销售人员忙活了半天，也没有为女士找到一件合适的衣服。女士很有礼貌地对销售人员说：“谢谢你的服务，可能我很挑剔，让你白忙活了半天。”

销售人员很真诚地对女士说：“小姐，您真好，该道歉的应该是我们，浪费了您这么长的时间，也没有为您找到一件合适的衣服，真是抱歉。”

听到这样的话，女士觉得过意不去，对销售人员说：“没关系的，我再转转，或许可以找到令我满意的。”其实女士看中了一件衣服，只是觉得价格太贵，不好意思说，才一直犹豫。女士又一次转到那件衣服的前面，拿起来端详。

销售人员马上看出了女士的犹豫，立即过去对她说：“您真有眼光，这件是今年上市的新品，款式时尚，与您高雅的气质很相配，喜欢的话您可以试一下。”

女士又开始犹豫了，她说：“不用了，我就是看一下，不过，我对这件衣服还是相对满意的。”

销售人员马上说：“您可以试一下，不合适可以再找别的，而且这款衣服就进来几件，我们可以以8折的优惠价卖给您。”

女士终于决定试一试，结果试过以后效果很好，只是女士还是觉得价格有点贵，就再以挑剔的眼光审视这件衣服，最后她发现这件衣服内侧的袖子接口处做工有些糙。而销售人员则解释说这是一种制作工艺，不属于质量问题。

销售人员又对女士说：“小姐，这件衣服很配您，您说的这一处也不是衣服的质量问题，确实是这件衣服的特殊工艺，我们专柜的衣服质量是绝对可以保证的，在价格上这已经是最低价了。这样吧，看得出您很喜欢这件衣服，我们也想将它卖给您，这件衣服原价548元，8折后是438元。我现在去找经理说一下，看能不能把零头去掉，以400元的价格卖给您，您看怎么样?”女士点点头。

稍等一会儿后，销售人员从经理办公室里出来，她向女士做了一个“OK”的手势，说：“成功了，呵呵，我们经理同意了，您可以以400元的价格将这件衣服买走了。”

女士显然也很高兴，她对销售人员连连道谢，并一再说多介绍朋友来这里购物。

在顾客说“考虑考虑”时，销售人员没有放弃努力，而是以热情周到的服务继续引导顾客，最终凭借热情周到的态度和娴熟的引导技巧成功消除了顾客的犹豫心理，促成了交易。

“考虑考虑”不代表拒绝，更不代表没有希望，相反应该成为销售人员的一个突破口，一个成交的契机。销售人员要仔细考虑顾客是不是真的需要，如果顾客需要该产品或者服务，就要想办法让顾客接受。

对于那些拿不定主意的顾客，销售人员首先要学会和他们沟通，从谈话中了解顾客的性格特点，寻找顾客犹豫的心理根源，借此找出突破口，晓之以理动之以情授之以谋，最终让顾客满意地接受。

总之，当顾客说“我再考虑考虑”这样的话时，推销人员应该立即想办法进行化解，努力找到拒绝的心理根源。然后针对原因释疑解惑，以热情周到的服务态度和专业的服务技巧打消顾客的犹豫心理，推动交易向前发展。

顾客说“价格太贵”的潜台词

在销售过程中，销售人员介绍完产品或者服务后，顾客常常以“价格太贵了”为由而拒绝接受产品或者服务。真的是顾客嫌产品太贵了吗？非也！准确地说不是那么简单，顾客说“价格太贵”的背后有许多潜台词。对此，销售人员一定要读懂它们，以免做出错误的判定。

那么，顾客说价格太贵的背后，究竟有哪些潜台词呢？综合起来，可以分为下面几种：

（1）认为价格高而难以做决定

有时候，顾客确实嫌销售人员的报价高，并因此难以做决定。这个时候，交易往往进入了“评估选择”阶段，即成交期。如果能把这个问题处理妥当，则极有可能促成交易。销售人员需要做的是摸清和影响顾客的评估准则，弱化价格因素，把竞争对手比下去，最后赢得订单。下面这个事例就很好地说明了这一点：

有一位顾客想租用企业邮箱，一方面既能提升公司形象，另一方面可以减少垃圾邮件和故障。企业邮箱分高中低等级，年费从500元至900元不等。这个顾客想要便宜的，所以当网络运营商介绍完企业邮箱的相关业务后，这个顾客就说道：“你的价格太贵了！我还有更好的选择。”

网络运营商没有辩解，而是问顾客：“您现在每天收到的垃圾邮件有多少？是如何处理的呢？”

顾客回答：“少说也有50封，很难清空。问题是一些有用的邮件，甚至顾客的邮件也夹杂在里面，所以必须一个一个地看。有一次因为没及时看到顾客的问讯邮件，险些误了大事！”

网络运营商又问：“那真的很不幸。除了垃圾邮件，您现在邮箱服务器的稳定性如何？”

顾客回答：“经常停机检修，而且不定期。每次停机，邮件是收不到的。已经有顾客对我抱怨了，就是因为邮件沟通的问题！”

听顾客这样一说，网络运营商趁机说：“您自己想想，一个运行稳定、能有效隔离垃圾邮件的电子邮箱对您有多重要!您还计较这区区年费吗？”

不等顾客回答，网络运营商又说道：“现在可以确定的是，一个运行稳定、能有效隔离垃圾邮件的电子邮箱对您十分重要。”

顾客回答：“我想是这样。毕竟机会成本更重要，对了，你说过你们在这些方面有技术优势，怎么做的？”

最后，这位顾客毫不犹豫地选择了年费最高的企业邮箱。

通过上面的事例可以发现，顾客对邮箱运营商评估标准的微妙变化：按重要性高低排列，对话前是“价格—防垃圾邮件—稳定性”，对话后则为“稳定性—防垃圾邮件—价格”。这种改变不是无缘无故发生的，而是网络运营商有效影响了顾客的购买决策准则，从而最后达成了合作。

（2）因有多种顾虑而拒绝

一家大型商用机器公司的总经理发现最近一段时期内，公司因为价格因素而丢单的情况频频发生，他派人专门进行了调查。调查结果表明并非是由于价格因素导致丢单的，而是由于其他因素。下面是有代表性的调查结果：

“他们的宣传很好，可是具体一看，并不实用，甚至有的设计无用。”

“没错，他们的机器还挺好，可是换供应商总是很麻烦的事！”

“他们的机器质量的确不错，但听说在售后服务上很差劲。”

“新来的副总裁原来在他们的一个竞争对手公司工作，我可不想得罪他！”

从这些调查结果来看，显然，顾客对这家商用机器公司的产品或服务有顾虑，所以他们才以“价格贵”为借口，选择了拒绝。其实，顾客心中真正想的是“我担心如果决定有错，会很被动！”这些连顾客本人都解释不清的顾虑，可以称为“负面后果”。作为销售人员，如果忽视或回避顾客的这些顾虑信号，要比当面去探究这些潜在的风险更危险。正确的做法是，积极主动地消除顾客的这些解释不清的顾虑，激发起顾客的购买欲望，促成交易。

（3）因关注点不同而拒绝

有位顾客想卖掉自己的旧车，换一辆性能更好的。4S店的销售人员给他推荐了一辆最新款的车，并且把车的性能说得绘声绘色。但是，这个顾客最后拒绝了，理由很简单，“太贵了”。然而不久之后，这个顾客却从另一个4S店那里买了一辆更贵的车。

这是怎么回事呢？原来，第一个4S店的销售人员给这个顾客推荐新车的时候，只管描述新车多么时尚气派，但是这不是顾客看重的地方，所以他以价格太贵拒绝了。

在第二个4S店，销售人员给这个顾客推荐新车的时候，没有描绘新车的具体性能，而是询问顾客原来使用的旧车是不是经常有故障，维修要占用多少时间，一年保养花费多少。这让这个顾客看到销售人员注重车的地方与自己完全一致，所以就买了他的车。

可以看得出来，当顾客说“贵”的时候，那只是一个借口。真正的问题在于销售人员没有把握好“需求认知”这一销售的关键环节，乃至完全忽视了顾客的真实想法是什么，所以才一味地在那里自说自话，遭到拒绝是很正常的事。

很多销售就是从拒绝开始的，因此不要怕被拒绝，要学会站在从解决顾客问题的角度来给顾客推荐产品或服务，而不要做一个机械的产品介绍人。具体一些说，销售人员在销售前要了解清楚自己所推销的产品能够解决顾客的哪些问题，即使这些问题不是真实存在，也不是所有的顾客都面临的。但是只有在了解清楚之后，才能有的放矢地给顾客介绍。也就是说，销售人员只有成功解读了顾客拒绝背后的潜台词，把顾客的需求认知找准了，才能真正给顾客介绍好产品，与顾客完成交易。

顾客为什么还“想到别家再看看”

销售人员还经常遇到这样一类顾客，在给对方详细介绍完产品后，对方表示很认同，但是却说：“我想到别家再看看。”这是一件让销售人员感到很气馁的事，功败垂成最容易打击人的积极性。显然，销售人员不能止步于气馁，要想办法揣摩顾客说这句话的心理根源，然后针对“致病”的心理根源，采取针对性措施，以扭转这种不利销售、容易让交易“夭折”的局面。

要努力探查清楚顾客说这句话的心理根源，也就是要弄明白顾客说这句话的原因：是因为价格因素，还是因为质量问题，抑或是因为服务态度问题。只有在弄清楚这一点后才能“对症下药”。

以价格因素为例，如果顾客是出于价格的因素说这句话的，销售人员就可以根据情况这样对他说：“先生，每个人都希望买到物美价廉的商品，您到别的公司去看，他们的价格可能确实比我们的价格低，但是我认为质量要比价格更重要。我可以向您承诺，绝没有第二家能以这个优惠的价格来给您提供这么高质量的商品和优良的售后服务了。”或者说：“我从未发现有任何一家公司可以以最低价格提供最高品质的产品和最好的服务，这一点我们经得起任何考验。”

在说完这些话后，最好要给顾客留下足够的反应时间。因为你所说的都是实话，顾客几乎没有办法来反驳这个事实，给顾客留下足够的反应时间，能够加强顾客对你的信任感。接下来，可以这样对顾客说："先生，您不认为以这个价格来购买我们的产品和服务，是一种很划算的交易吗?"

因为你的产品品质和服务确实符合这样的价格，所以你的顾客如果不是故意刁难，应该不会做出否定的回答。

之后，可以继续说："理解您的犹豫心理，购买商品时肯定要考虑价格因素，但它并不是首要的，有时多投入一些成本来获得真正想要的优质产品，绝对是值得的，您说是这样吧?有些人想尽办法想从供应商那里尽量获得最低的价格，并不考虑产品本身的质量和以后的服务，显然这样的行为是不对的。我们知道，有时候，低价位产品产生的问题往往比它能够解决的问题还要多。真正懂得购买的人，往往更注重获得高品质的产品，而不是那些低价位的产品。先生，我想您肯定不会为了贪图那一点便宜，不为自己的长远利益着想，不顾产品质量的好坏和服务的优良与否吧?"

相信，经过你这样入情入理的分析，很多顾客都会打消再去别处看看的想法，而会选择和你合作交易。

某顾客想买一台笔记本电脑，他把这个想法跟一个笔记本电脑的销售人员说了。销售人员把自己所推销的笔记本电脑推荐给了顾客，同时仔细地把所销售的笔记本电脑的相关情况给顾客介绍了一通。听了介绍后，顾客说想到其他的地方再看看。

这个销售人员想知道顾客去别处看看的理由是什么，于是他问道："您知道吗，先生，跟您一模一样，很多顾客在购买我们的笔记本电脑之前，都想再到别的商家看看。我肯定您也一样想以手头现有的钱买到最好的笔记本电脑，以及最好的售后服务，对吗?"

顾客回答："不错，是这样的。"

销售人员说道："您可不可以告诉我，您想看些什么或者比较些什么呢?"

顾客犹疑了一会儿，然后说道："我想看看能否以同样的价格买到性价比更高的。”

知道了顾客想去别家看看的原因后，这名销售人员说道：“非常理解您的想法，正如您所说，谁不想以同样的钱买到性价比更高的产品，您的出发点毫无问题。关于性价比，我可以向您保证，我们所售的产品性价比是很高的。因此不怕您比，也不怕比，在您跟别的商家做完比较之后，发现我们的最好，我想您一定还会回来的，对吗，先生？”

如这个销售人员所料想，顾客带着比较的心理问过几家后，便又转了回来。最后在这个销售人员的推荐下，买了一台令自己满意的笔记本电脑。

“想到别家再看看”给销售人员传递一种交易不稳的信息，销售人员要查清致使交易不稳的具体因素是什么，然后针对这个或者几个具体因素，予以有效的解决办法，将其消灭，这样，没有了这些“致病因”，顾客犹疑的“心病”也就消失了。

让顾客的“担心”变“放心”

有些销售人员经常会遇到这样一种情况：自己推荐的产品质量很棒，价格也很诱人，同时，顾客也需要，但顾客就是不肯下决心购买。这是怎么回事呢？

究其原因，最大的可能是顾客“不放心”，由于现代商业中存在着诸多消费陷阱，顾客在之前的消费中吃到了苦头，因而由此心生不安全感。这种对产品或服务的不安全感是影响他们实施购买行为的一大障碍。

这种情况下，销售人员就要想出办法努力打消顾客对购买产品的担忧。如果能做到这一点，就能让顾客的购买信心上去，顾客的购买信心上去了，自然就会放心大胆地实施购买行为了。看下面的事例：

步利锋是一名超市水果承包商，他在刘孟的果园转了一圈又一圈，还是下不了决心签订单。可能是看出了他内心的犹豫，刘孟试探着提出疑问："步老板，是不是对产品质量有些不放心？"

步利锋见对方看出来了，也就没有隐瞒："嗯，确实有这个顾虑。上次在一家果园进的苹果，虽然个大、卖相也不错，但缺点是味涩、不脆、水分低。刚开始卖得还不错，但是慢慢就很少有人买了。最后卖不掉的苹果都坏掉了，害我亏了不少钱。我实在害怕再出现这样的事情啊！"

刘孟对自己的苹果有信心，在确认对方是由于担心产品质量而迟迟不肯下订单后，他解释道："像您反映的这种现象，一般是用药物催红苹果而导致的。因为这种苹果的生长期太短，所以比正常生长的苹果在口感上会差很多。我们果园的水果全都是自然生长的，绝对没有运用任何的催生技术。事实胜于雄辩，您可以随意从树上选一个，我给您摘下来尝尝您就知道了。"

半信半疑的步利锋随即指着旁边一棵苹果树上的一个苹果说："那就尝尝那个吧！"刘孟二话没说，上前就把那个苹果摘了下来，洗干净后递给步利锋。步利锋尝了尝，觉得口感确实不错，但还是心里不踏实。

刘孟见步利锋还是不能完全放心，又说道："步老板，您可以完全放心，凡是我们果园出的每一个苹果上都贴有无公害农产品的标签，保证每箱苹果里绝不参杂不良品，而且保证质量，若有什么问题，您尽管再给我拉回来就是了。"

见对方这么信誓旦旦，而且自己又亲自品尝过，步利锋终于放下心来，痛快地签了订单。

对产品风险的担忧是绝大多数顾客都有的。因此，要想拿下订单，完成交易，就要首先消除顾客对风险的担忧，让顾客把担忧的心放下来，直到顾客不再犹豫，接受你推荐的产品为止。

那么如何才能让顾客的"担心"变"放心"呢？可从下列两个方面来做：

（1）提前试用

先暂且不去计较顾客买还是不买，先热情地让对方试用一下。提前试用的方法能在一定程度上，也就是能在心理上，减少顾客对产品，特别是新产品的一些不安全感。这样一来，顾客的疑虑就会很快消除，信赖和信任感增加了，下订单的可能性也就增大了。

有一个人想要为他的小女儿买一匹小马，他看了很多马却只看中了两匹小马。从各方面来看，这两匹小马都一样。第一个人告诉他，他的小马售价为500美元。第二个人则为他的小马索价750美元。

第二个小马的卖主告诉这个人，允许这个人的小女儿先试骑这匹小马1个月。他承诺除了将小马带到目的地之外，还提供小马1个月吃草所需的费用，并且派他自己的驯马师每周一次去教小女孩如何喂养及照顾小马。在试用期结束时，他会驾车亲自过去，或是将小马领回，将马房清扫干净，或是这个人付750美元，将小马留下。

一个月试用期过后，这个人果断买下了第二个人的小马，虽然第二个人出价稍微高一点，但是经过使用后，他和小女儿喜欢上了这匹小马，对这匹小马有了信任感，这比什么都重要。

（2）做出郑重承诺

不言而喻，顾客买东西自然是想买质量好的。但是在购买的时候对方又怎么知道质量好不好呢？不知道就会产生顾虑，所以就不会那么容易下定决心购买。

这个时候，就需要销售人员来为顾客送上一颗定心丸。这颗定心丸就是对顾客做出郑重承诺。承诺的内容主要包括：经得起考验的产品质量和信得过的售后服务。

只有保证了产品质量和售后服务，才能在一定程度上减轻顾客对产品风险的担忧，让顾客的购买意图真正转化为购买行为。

第十章

抓住顾客“性格软肋”，采取针对性措施促成交易

顾客形形色色，性格特征多种多样，消费心理更是千奇百怪。这就使得他们在消费过程中有着多种不同的表现，特别在成交期，他们的心理变化及表现更是明显。销售人员要对顾客不同的性格特征和消费心理进行准确定位，然后抓住其心理软肋，充分加以利用，将潜在顾客的购买意图转化为现实的购买行为。

善于变换主客关系应对专断型顾客

销售人员都怕与专断型顾客打交道。这类顾客的特点是独断专行，喜欢以自我为中心，总是希望别人能够认同和欣赏自己，更希望别人能够按照自己的意志去行事。

虽然，专断型的顾客在消费的过程中，会很快做出决定，但是前提必须是你的商品能够完全符合他们的要求。而且在选购的过程中，他们往往言辞简单，不会向销售人员透露太多的信息，而是更喜欢提出许多的要求。比如要求销售人员“先说说你的意见让我听听”“我觉得这个不合适，你能够帮我换一个更好的吗”。如果销售人员做得不好，他们基本都会果断地选择离开。

正因为如此，一般情况下，销售人员不太愿意与专断型的顾客打交道，因为很难说服对方。销售人员的这种畏难情绪可以理解，但并不是没有办法“降服”这一类型的顾客。在众多办法中，变换主客关系（也就是把顾客转换到主人的位置上），让其来评判和选择产品就是个很有实效性的办法。如，销售人员可以说：“先生，我看您很有主见和判断力，所以您喜欢哪种款式，想必早已经心里有数了吧！”或者说：“您对我们的产品真是很了解，而且很有见地，我想可以完全由您自己来选择，我就不用再多嘴为您做介绍了。”

这样，就把对方推到主动的位置上来，让他说出自己的想法。对方骑虎难下，一般是会“接招”的。既然是他自己所选择的商品，那么他自然不会再拒绝。但是假如销售人员未能读懂顾客的心理，而是只顾给顾客做热情洋溢的介绍，顾客反而会直接打断销售人员的陈述，或者干脆提出很多问题来故意刁难销售人员，以维护自己心中固有的看法，并极力排斥销售人员，这样销售人员就会很被动。

查理是纽约一名二手汽车销售员。一次，他带着一位有购买需求的顾客看他销售的二手车。可是这位顾客很不好侍候，不是说这辆车型不好，就说那辆车有伤痕，再就是说这辆车的玻璃安装有问题。这种情况下，查理没有办法再向他推荐，而是让他自己去选购满意的汽车。最后这次交易没有做成。

几天之后，另一位顾客开来一辆“福特”牌轿车让查理帮忙销售。检查过车之后，查理想起了那个独断专行的顾客，他知道这辆二手车可能会让那位难缠的顾客动心，于是就给那位顾客去了电话，约其见面。

在等着顾客来的时间里，查理想好了对付这个让他头疼的顾客的对策。一见面，查理就对那位令他头疼的顾客说：“在鉴定汽车价值方面，您是一位当之无愧的专家，现在有一辆车请您帮忙看看，鉴定一下它的性能，然后告诉我这辆车的价值。”

那个顾客很得意，自己的身份变成了主人，主动权在自己手上，自然感到高兴。他慷然应允了查理的请求后，仔仔细细将那辆福特牌轿车检查一番，然后又开着那辆轿车绕着汽车交易市场转了一圈，之后对查理说：“如果能以800美元买下这辆车，我认为是很合理的。”

“OK，明白了，那这样，如果我以这个价格把它卖给您，您看如何?”查理及时地问道。

“嗯，可以，没问题，我很愿意接受。”难缠的顾客这样说道。

查理变换主客关系，将难缠的顾客推到主人的位置，让顾客做出选择，满足了顾客喜欢自我的心理，从而巧妙地促成了交易。

一般来说，专断型的顾客都是很有主见的，有时还会十分固执，对某种商品常常情有独钟，如果销售人员不能按照他的要求提供所需商品，那么就很难促成交易。因此，销售人员要想了解顾客的真实意愿，就应该想办法让他们说出自己的意愿来，进而从他们透露的有效信息中，为其提供最为合适的商品。这样做不但满足了这类顾客的表现欲望，也不会使自己太过为难。

一个靠推销装帧图案给纺织公司的销售员盯上了一家大纺织厂，并决定把它列为目标顾客。他每星期跑一次，整整跑了三年，但连一幅设计图案都没有推销出去，对方老板总是看一看草图，双手一摊，说："很抱歉，先生，我看今天我们还是谈不成。"

后来，这位销售员改变了推销方法，他故意带着未完成的装帧草图，再次去见那位老板："我想请您帮个忙，如果您愿意的话。这里有一些未完成的草图，希望您能指点一下，以便让我们的创作者们根据您的指导来完成它。"

这位老板答应看一看。三天后，这个销售员再次去见那位老板，老板中肯地提了意见。而后，根据老板的意见，工作人员修改了图案。结果，这批设计图案全部被这位老板收购了。后来，这个销售员用同样的方法，又轻松地推销了许多图案。

有一点尤其需要引起销售人员注意：专断型的顾客尤其不喜欢销售人员的强制推销，当你越是热情地陈述产品好，对方的疑心就会越重，交易就越难达成。

还有，在与这类顾客接触和交流中，尽量避免与对方发生冲突的最好方法是：不要和对方的观点对立，或者在不恰当的时候提出反对意见，否则合作很难建立。

总之，销售人员要懂得要恰到好处地满足对方喜欢自我和支配他人的欲望，以使合作能够顺利进行，直至交易顺利达成。

以热情耐心的态度对待随和型顾客

有这样一种类型的顾客，他们性格温和、态度友善，很少直接拒绝销售人员的登门造访或产品介绍，也很愿意听销售人员的“唠叨”，思维往往会被销售人员牵着走，即使销售人员表现得很不热情、很不积极，他们也能容忍，不会轻易发脾气。这种类型的顾客被称为随和型顾客。

除了上面所说的性格特征外，在生活中，随和型的顾客还表现出如下这些特点：通常比较随和，乐于听取别人的意见及看法；有良好的沟通能力，给人以亲切的感觉，相处起来十分容易。在工作中，他们很少与别人发生冲突，虽然性格可能有些敏感，但是发生问题的时候，他们会尽量减少摩擦，不希望把事情闹大。

虽然这类型的人很随和，很有亲近感，但是对于销售人员来讲，这一类型的顾客却是最难做成交易的顾客，究其原因就是他们性格和心理的复杂性。

销售人员在与这一类型顾客沟通的过程中，会发现这类顾客说得最多的话就是“好”，无论什么都以“好”作为结束语，唯一说“不”的时候就是不买产品的时候。很有意思吧？但确实如此。

随和型的顾客购买产品或服务时通常会考虑很多因素，且很注重会不会对别人造成影响。他们经常会问：“这个产品容易操作吗？会不会影响别人？”产品的性能、使用、寿命、价格、维护、售后以及对他人的影响都在这类顾客的综合考虑范围之内，决定着他们是否购买某产品。

由于随和型的顾客需要了解的东西太多，也很谨慎，所以销售人员要积极地与其联系，并热情地为其介绍相关情况，以便满足其心理需求。

王旭东是一家工程设备公司的资深销售员，一次偶然的机会他打听到本市一家公司需要他推销的设备。他当即便打电话询问了那家公司的采购经理："您好，是郑经理吗？我是咱们市嘉兴工程设备公司的销售员王旭东，听说贵公司正在寻求几套大型的园林机械，恰好我们公司正好有，我想去拜访您，您看方便吗？"

电话那头："哦，方便方便，我们正想多学一些这方面的知识呢！欢迎欢迎。"

第二天王旭东就来到那家公司拜访郑经理："您就是郑经理，久闻大名。"郑经理很随和："来来来，别客气，我们都是很随和的人，我就直接向你请教了，由于要采购的那些设备我们从未用过，对于技术方面的知识知道得很少，你来了，正好向你请教些专业知识。"

王旭东："没问题，有问题您尽管提，我一定竭尽所能，包您满意……"

一番交谈后，郑经理说："不瞒你说，你已经是第三个卖家了，与其他卖家相比，你们还是有优势的。我们保持经常联系，最后成功与否，还要看产品的质量。"

从此后王旭东与郑经理经常联系，还送去产品说明书，以及产品使用的视频资料。就设备安装的问题，王旭东还特意请公司的技术人员登门给郑经理等人现场做示范。最终郑经理签下了订购10套设备的订单。

事例中的郑经理就属于随和型的顾客，王旭东针对随和型顾客的性格特征，采取了积极主动的服务方式，热情地为其介绍产品，对顾客的问题有问必答，保持不间断的联系，最后终于促成了这桩生意的成交。

由于随和型的顾客办事很谨慎，不喜欢承担风险，尤其不希望因为自己的原因而造成不应该有的损失。所以，一般情况下，随和型的顾客做出决定的时间会很长，所以销售人员不能太急，也不能给予否认或者怀疑，要把握分寸，适当地给予对方思考时间及引导，这样才能保证推销的顺利进行。

另外，也正由于随和型的顾客不愿意承担风险，所以，销售员在与之合作时，要给予其保证，适宜用专业的商务语言给予其积极的建议，让对方了解到你的诚意，消除其心中的种种疑虑，最终水到渠成地促成交易。

总之，针对随和型的顾客的性格特征及心理特征，销售人员在与其交流沟通中，要始终把主动权抓在自己的手里，积极主动地与其联系。用自信的言谈，给对方积极性的建议，并多多使用肯定性的语言加以鼓励。而且要多从对方的立场来讨论问题，在潜移默化中使顾客做出决定，切记欲速则不达。

恰到好处地恭维虚荣型顾客

虚荣心是一种很普遍的心理，喜欢炫耀，喜欢被人夸，喜欢与人攀比，喜欢高别人一等，这些都是虚荣心理的表现。虚荣型的顾客就有这样的特点，他们最开心的事情就是听到别人夸自己。

与虚荣型的顾客打交道是销售人员十分愿意做的事情，因为在与对方沟通交流时，不需要费太多精力去介绍产品，也不需要想太多的办法去获得对方的认同，只需要恰到好处地恭维对方，合作就基本有谱了。

有一位企业家决定在自己的家乡建一所学校。一位家具厂的销售人员想获得该学校座椅的生意，于是他就和这位企业家约好见面聊一聊。见面时做了简单的自我介绍之后，这位销售人员便一脸真诚并极其自然地说道：“我在等着见您的时候，细心地浏览了一下您的办公室，心想如果我能有这样的办公室，那该多好，我从来没有遇见过设计得如此巧妙合理的办公室。”

这个企业家听后，很高兴地说：“这个办公室很漂亮是不是？这是我亲自设计的，当时确实花费了我一些心思。”这位销售人员一边认真地听着，一边走到墙边用手摸摸壁板，说道：“这是英国橡木做的，对吗？和意大利橡木稍微有些不同。”

企业家回答：“嗯，那是从英国本土运来的橡木。我幸好也略懂一些木料方面的知识，这些材料都是我亲自挑选的。”随后企业家很有兴致地领着这位销售人员参观他亲自设计的其他几个房间。他们兴致勃勃地谈论建筑以及室内装饰，然后企业家顺便提到了他准备在家乡捐造一所学校，用以回报社会。这位销售人员适时热忱地赞许了他这种慈善的举动，然后也顺便说起了自己此行的目的。

从上午10点15分两人见面，到中午的时候他们依旧亲切地交谈着。谈话的最终结果是这位销售人员拿到了10万元的订单。

在这个事例中，销售人员通过试探，很明确地感觉到对方是一位虚荣型顾客，所以投其所好，极尽赞美之能事，获得了顾客的欢心，最后如愿以偿得到了订单。

在消费中，顾客的虚荣心理有时会表现得很明显。比如，虽然自身的经济条件并不是很宽裕，但是在选购商品的时候还是倾向于选购比较高档的产品，并且在销售人员面前尽量表现得很富有。他们最不能容忍的就是别人说自己没有钱，买不起。

这个时候，聪明的销售人员都会恰到好处地夸奖顾客很有眼光，很有经济实力。受了夸奖的顾客通常很兴奋，因为虚荣心得到了满足。而且为了继续“装”下去，不丢面子，他们往往出手阔绰，愿意在你这里消费更多。

一对夫妇走进金碧辉煌的珠宝店挑选首饰，他们相中了一枚价值8万元的翡翠戒指。但是又感觉价格很高，不符合他们的心理预期，为此一直犹豫不决。

这时候，一名很有经验的销售人员走过来说道：“您二位真有眼光，荷兰的总统夫人也和您二位一样很喜欢这款戒指，但是由于嫌价格贵没有买。”

这样恭维的话刺激了这对夫妇，他们简单商量了一下，然后决定买下这款连总统夫人都嫌贵的翡翠戒指。看着女主人带着戒指满意地离开，这名销售人员也笑了。

如果能够确认对方是虚荣型的顾客，那么在与对方交流沟通中，销售人员就要利用一切可以利用的机会展开恭维。如果是在顾客家中，可以赞叹顾客家居的设计风格独特，屋内的家具品位不凡等，还可以具体地谈某项事物，如客厅摆放的花如何雅致，颜色如何亮丽等。如果是在顾客的办公室，可以夸赞其办公室的整体风格很让人赏心悦目，或者顾客的办公效率等，只要是能用上的褒义词请尽量用上。

恭维最好要讲究一定的方法和技巧，才能起到四两拨千斤的绝佳效果。优秀的销售人员通常把恭维的话语放在比较隐喻的方面，他们一般不会直接恭维顾客，而是在合适的场合当着顾客的面赞赏顾客的接待人员。

这样做的效果是，表面上是在赞赏接待人员，其实是在恭维顾客。因为只有他们平时对下属管理有方，下属才会让客人满意，因此恭维接待人员就意味着在夸奖顾客。这样做还有一个意想不到的收获就是，接待人员同时也会对你报以热情的态度，因为你的赞美，有可能改变他们在老板心中的印象，也许在以后的推销进程中，他们会暗暗地帮你。

另外，在恭维对方时，销售人员要注意适度，不要太过。太过的话容易让对方产生不真实感，甚至怀疑你在讽刺他，从而对你产生戒备心理，甚至反感你。那样的话，你的恭维就会适得其反，起不到应有的效果。

以规范操作取得精明型顾客的信任

通常情况下，精明型顾客都有着较高的见识能力，在消费的过程中沉着冷静，不轻易受他人影响，对销售人员以及商品有着较高的要求，一旦销售人员出现什么差错或者漏洞，将直接影响他们的购买决定。

碰到精明型顾客，销售人员一般会叫苦不迭，因为他们就像看戏一样，看着销售人员把产品介绍了一遍又一遍，但是丝毫没有购买的冲动。而且，在这个过程中，销售人员还要经受住顾客对自己仔仔细细的观察，一旦出现了纰漏，合作就极有可能泡汤。销售人员十分害怕自己哪一句话说错惹恼了对方，而使自己前功尽弃。

通常，精明型的顾客比较强势，最讨厌别人弄虚作假，一旦发现销售人员没有说实话，他们就会不依不饶，追查到底。因此，在精明型的顾客面前，销售人员最好避免夸张地说话，不说不切实际的话。如果弄虚作假被发现，无疑会使自己处于非常不利的地位。

可粗略地将精明型的顾客分为“尽责型”和“执着型”两种类型。“尽责型”顾客通常都有很强的分析能力，做事以严谨著称，似乎任何问题都逃不出他们的眼睛，经他们手的工作一般都是不会有什么遗漏的。正因为这样，使得他们对人对事都很挑剔，他们从不会轻易相信一个人。

“尽责型”顾客是销售人员顾客群体中比较“难缠”的一种。对付这样的顾客，应该尽量使他们有安全感，让他们相信你，让他们明白你会认真倾听、分析他们的要求。

由于这类型顾客希望销售人员不管是看起来、听起来、还是感受起来都要符合他们的要求。所以，在与这样的顾客相处时，一切都要以一种井井有条的状态出现，尤其是对细节的把握方面更要注意。比如在工作方面，你要思路清晰、方法明确，态度严谨。在生活方面，你的谈话、你的穿着，你的行为，都要规范得体，而且不要有什么不良的行为习惯。

在听产品介绍时，他们需要你详尽的介绍，而不要粗枝大叶，更不要含糊其辞，当然更要真实不夸张。在他们面前，你无论做多少次“详细说明”都不过分。他们想听，希望你说。如果你不说，他们就不会喜欢你，更不会跟你做生意。

虽然这类顾客很挑剔，很难合作，但是从长期来看，这类顾客是最稳定的类型，一旦他们同意与你合作，那就代表已经取得了他们的信任。当然，在他们成为你的固定顾客后，你也不能掉以轻心，因为他们精明的思想和习惯没有变，他们还会观察你。一旦发现你懈怠或者欺骗他们了，他们会随时停止与你的合作。

对“尽责型”顾客的应对策略同样适用于“执着型”的顾客。此外，应对“执着型”的顾客，还有一些特别的技巧。

与“尽责型”顾客相类似，“执着型”顾客做事也非常稳重、仔细，态度严谨。他们忠诚守德。虽然他们能够容忍别人在道德和立场方面存有缺陷，但是他们并不愿意和那些道德水准低下的商人做交易。

在和“执着型”顾客的接触和交流中，销售人员要保持真诚的态度，要确保他们对你完全信任。在向他们推销产品时，要确保他们能从中获得安全感。让他们觉得有保障，觉得已做出的决策没有风险。不要给他们压力，这样他们才愿意跟你做交易。

同“尽责型”顾客一样，“执着型”顾客也会一直观察他们想要与之合作的销售人员，一旦让他们发现了你的瑕疵或者你的污点，他们极有可能会取消与你合作的打算。所以销售人员要多留心一下自己的历史记录，如果发现有不良记录存在，最好及时弥补，或想好应对措施，以防被对方质问，措手不及。

由于精明型顾客极度讨厌虚伪和做作，比较容易接受真诚和坦率，所以很多时候，你不要试图掩盖你产品或者服务的不足，而要坦诚相告，才会赢得他们的信任和肯定，从而增大与他们合作的机会。

概括来讲，在和精明型的顾客打交道时，销售人员首先要树立信心，不要胆怯害怕。其次要保证以真诚的态度对待对方，介绍商品时实事求是，不弄虚作假。再次，要热情地为对方服务，设身处地地为对方着想。最后，将选择权交给对方，并给对方考虑和调查的时间，不逼迫对方做出选择。只要规范操作，将自己的行为都纳入到他们的规范要求中，就能换来这类顾客的信任，为交易打好基础。

以干脆利索的解答赢得外向型顾客订单

粗略来分，可将人分为内向型和外向型。外向型的人说话比较果断，能明确地表达自己的意愿，语速也比较快，声调较为洪亮，愿意与人接触，待人热情，做事不拘小节。

销售人员与外向型的顾客交流一般是比较容易的，和这样的人在一起，销售人员也不会感到压抑。当销售人员给这样的顾客介绍商品时，他们会很乐意地听销售人员说明，并且会很积极地参与进来，发表自己的看法。

直接是这类顾客的一大特点，在购买商品时，如果他喜欢就会很痛快地购买，不喜欢的话就会果断拒绝。在拒绝时也通常不会绕弯子、委婉拒绝，而多半会直截了当予以拒绝，而不管对方是否能下得了台。

一个顾客来到一家保险公司，找到工作人员问："你好，我想为孩子购买一份保险。"

销售员："您看，这是我们公司适合儿童的所有保险，我可以一一给您介绍。"

顾客大声说道："不用，我把我小孩儿的情况告诉你，你帮我选择一个最合适的就好，不用一一介绍了，我就相信你一次，交给你办了。”

销售员：“好的，那我记录一下，请您放心，我一定帮您选择一个最合适的保险。”

显然，例子中的这个顾客就是外向型顾客，他不会拐弯抹角地说话，而是很直接地表达诉求。面对这样的顾客，销售人员应该以比较外向的方式来与之交往，要顺着对方的心意服务，尽量长话短说，避免拖沓。

外向型顾客凡事愿意摆在外面，不喜欢藏着掖着。如果一个人的办公室里摆放着学位证书、获奖牌匾，还有装帧精美的其他证书之类的荣誉象征，那么极有可能这个人就是一位外向型的人。

一位资深的销售员去拜访一位民营企业的老总。在老总的办公室里，他看见墙上裱着一个非常精美的装饰品，仔细一看，原来是国内某著名大学工商管理硕士（MBA）的毕业证书。

原来这位私企老板刚刚从这所著名大学的工商管理专业毕业并顺利地获得了证书。了解这一点后，这位销售员就猜测到自己的这位顾客可能是一位说话、办事都很爽快的外向型人，心中也就有了与之打交道的策略。

事后证明，这个销售员的猜测是完全正确的，这位老总的确是位外向型的人。

外向型的顾客通常有很强的时间观念，对于时间的把握，他们甚至能精确到以分钟甚至是秒计算的程度。如果与这样的顾客预约，一定要做到及时赴约，否则你会给这类顾客留下一个没有时间观念的印象，从而会失去他们对你的信任。

另外，在与外向型顾客交流沟通时，销售人员要注意把握交谈时间，说话言简意赅，切中要点，要尽量用最短的时间把最有用的信息传达给他们，不要给对方留下浪费时间的感觉。否则，会被视为在浪费时间，而不利于合作。

外向型顾客的目的性很强，也很直接，他们只关心你的产品或者服务能否满足他们的要求，而通常不去管其他的方面。说服他们最好的方式就是用事实证明一切，其他烦琐的解释在他们看来都软弱无力，而且很没用必要。

外向型的顾客通常很自信，对于别人的意见或者建议，他们不会轻易接受，除非你的论据够充分，他们才有可能做一些适当的改变，但也不要指望他们一下子改变很多。所以，不要期望自己能够扭转他们对某事的看法或者观点，

另外，还有一点需要注意的是，外向型人做决策速度相当快，而且缺乏一定的耐心，一旦他就某项条款提出异议，你就要迅速做出最合理的解释。你必须跟上他的脚步，及时地提供信息以助其完成决策，只有这样，合作才有可能取得成功。

总之，在与外向型顾客打交道时，不要啰里啰嗦地就一个话题没完没了地说不停，要言简意赅，切中要害利索地说明。对他们的疑问要及时解答清楚，对他们的要求及时予以满足，不拖泥带水，这样就会获得他们的认可，从而增加合作的几率。

用体贴周到的服务换取内向型顾客的满意

与外向型人豪爽干脆的性格相反，内向型人性格内敛、沉静，不善言谈，也不愿意与人交流，更不愿意将内心的真实想法说出来，喜欢独处。

在消费环节，内向型的人总是显得十分谨慎，对产品精挑细选，甚至久久拿不定主意，以致于消费的数量不多。对上门推销的人员，内向型人警惕性很高，态度很冷淡，不愿意交谈，说话极其有限，而且极有分寸，这样就使销售人员的工作很难展开。

实际上，内向型的人很内秀，虽然他们很少发表自己的意见，但并不代表他们没有自己独特的见解。在销售人员介绍产品或者服务时，他们认真倾听，并在心里琢磨商品或服务的好坏。只是由于天生性格内敛、沉静，而且对于陌生人有一种天生的防御和警惕的本能，因此才会表现得冷漠、无动于衷。

内向型人即使是对销售人员的观点表示赞同，通常也只会简单地应承一句，而不会说太多的话。这就形成了一个看着很奇怪的情形：这边，销售人员在口若悬河、引经据典地大说特说，而那边，内向型人气定神闲，无动于衷，甚至有些心不在焉，仿佛在很认真地听你讲，但似乎又心有所想。这样的状态经常让销售人员不知所措，不知道该如何应对。

内向型人心思敏捷，推理能力很强，他们会对销售人员提供的信息进行很认真的思考、推敲。由于考虑的事情很多，所以他们思考的时间较长，但是一旦分析完自己掌握的数据，认为自己足够了解销售人员推销的产品或者服务时，合作的成功性就会很大。

针对内向型顾客的这个性格特征和心理状况，销售人员在与之交流沟通中，讲话要富有条理和专业性，要把合作的优点和缺点一一展示出来，提供的信息要尽量全面，要有耐心。并适时保持沉默，给对方以足够的思考时间进行决策。

一天，北京中关村数码大厦来了一位女孩。一见到有顾客上门，几个电子推销人员一起迎上去，主动打招呼，并再三询问对方需要什么电子产品。面对你一句我一句的询问，女孩显得有些窘迫不堪，甚至涨红了脸，最后简单地说自己只是随便看看。

在离柜台稍远处转了两圈之后，可能觉得没有自己想要的产品，女孩就准备离开了。品牌电脑销售员刘佳在柜台里一直观察着女孩，他看出这个女孩来到这里是要准备购物的，同时他也看出对方是一个比较内向腼腆的人，可能是因为刚才那些销售人员的轮番轰炸，把女孩吓住了，有些不知所措了，所以准备离开。

想到这里，刘佳从柜台后面走出来，上前很友好地把女孩请到自己的柜台前，对她说："别紧张，您是不是想买台电脑，这样，如果你相信我，我先给你详细介绍一下，如果适合，你就买，如果不合适，你就不买。先到这边坐坐吧，这边比较安静！"

女孩顺从地坐了下来。在聊了十几分钟后，女孩明显地对刘佳产生了信任感，于是便向他透露了自己的真实想法，她确实是想组装一台配置高一些的电脑，可是自己不是很懂，刚才又被那几个推销人员吓了一跳，本想不买了，以后再说，但现在听了刘佳的介绍后，她决定委托刘佳帮自己组装一台高配置的电脑。

内向型顾客属于慢热型，在其冷漠的神情之下掩盖着一颗火热的心。只要获得了他们的认可，他们自然就会表达出十分的善意。等到彼此熟悉起来，他们就会变得十分信任你、依赖你，甚至让你替他们做决定。

通常情况下，内向型的顾客在购买过一次你的产品后，如果结果让他们满意，你们之间就会有下次、再下次的交易。因此，对于销售人员而言，内向型的顾客是值得努力与之建立稳定关系的，从而使彼此的合作一直持续下去。

总之，针对内向型顾客不善言辞、不爱主动、不轻易相信他人的性格特征，销售人员要积极主动与其接触。以周到体贴的服务方式为其服务，给对方提供详尽的信息资料，然后适时地保持沉默，给对方留有思考和回旋的余地，这样就会使合作更容易达成。

用危机感促使犹豫不决型顾客下决心

销售人员经常会遇到这样一种类型的顾客：他们似乎对你的产品很感兴趣，对你的建议也很赞同，也比较信任你，但就是不说成交的话，总是犹豫不决，不做最后购买的决定。你苦口婆心讲了一堆话，把认为该说的都说完了，但就是无法让对方做出购买的决定。有的销售人员甚至会觉得自己的说话方式是不是有问题，惹对方不开心了？有的销售人员可能会怀疑对方对自己的产品不满意，就不厌其烦地一遍遍介绍产品的优点。

其实，上面的猜测都不对，唯一的原因是这类顾客性格优柔寡断，犹豫不决是他们做所有事的最大特点。从心理学的角度分析一下这类人的特点，他们大多情绪不是很稳定，忽冷忽热，对一些事物往往没有什么主见，但喜欢逆反思维，总是盯着事物不好的一面，不去考虑积极的一面。

这类人在选购商品的时候总是会左比右比，左挑右选，纠结于一个小细节，疑心重重，直至在确定没有任何问题之后才决定购买。他们做事一定要经过认真的分析，比较注意事实和数据，追求准确度和真实度。如果销售人员约见这样的顾客，他们要求的时间一般都是很精确的，在他们的头脑中一般没有模糊的时间概念，他们通常不会说“上午见面”，而是说“上午十点见面”。

针对犹豫不决型的顾客疑心重、爱挑剔的心理，销售人员要对症下药，利用危机感促使他们早下决心做交易。俗话说：得不到的永远是最好的，吃不到嘴里的永远是香的。人们常对越是得不到、买不到的东西，越想得到它、买到它。这种欲望被禁止的程度越强烈，抗拒心理也就越大，购买的动力也就越大。销售人员就是要抓住顾客这个“心理软肋”，促使犹豫不决型的顾客下决心交易。

沈峰是“家家有”房地产公司的销售人员，他手里有两套房子没有卖出去。这两套房子户型都是一样的，只是因为采光的不同价格略有差异，采光好的A套房子售价150万元左右，采光较差的房子售价135万左右。

顾客朱先生看上了A套房子，但是嫌价格贵，迟迟没有签约。在他犹豫的时候，这套房子被另一位销售人员卖给了另一位买家。为此，朱先生很不乐意。沈峰建议朱先生看一下B套房。朱先生看过之后，虽然大体还满意，但是觉得自己因为15万元钱没有买到采光很好的房子很不痛快，于是犹豫不决的毛病又犯了，迟迟不肯下单。

沈峰看出了朱先生的犹豫，为了让朱先生早做决定，尽早下单，他在朱先生离开售楼处后打通了朱先生的电话：“朱先生，您现在方便接电话吗？是这样的，我现在这边有一名顾客很中意您看的B套房，您看你早就看过房子了，可是我不知道您是怎么想的，如果您不满意，我就把这套房子卖给这位顾客了。”

正如沈峰所料，有了前车之鉴的朱先生这次深怕再一次被别人抢了先，自己竹篮子打水一场空。所以，他一接到沈峰的告急电话就连忙说道：“我正想找你呢，这样，我一会儿过去，咱们再聊聊。”

最后，沈峰以降了2万元的价格将这套房子卖给了朱先生。

朱先生在犹豫不决没有做出是否购买决定的情况下，沈峰用类似“你再不决定，别人就买走了”的话，让对方产生一种危机感，促使其最终很快下定决心购买。

当确定对方是犹豫不决型的顾客后，就可以采用“逼迫”的方法，使其感受到危机，促其早做决定。但注意要“逼”得适度，不能太急，但也不能过慢。过急会让对方感觉你居心不良，担心上当受骗，从而选择放弃。而过慢，又起不到逼迫的效果。所以，要掌握好这个度。

“逼迫”对方，让对方产生危机感，促其早下定决心交易，要讲究一定的方法，可参考下面三个方法：

（1）限量购买

心理学家指出“限量购买”的销售方式，会吊起很多顾客的胃口。他们都怕自己买不到而“吃亏”，所以争先恐后的为商家做贡献。你不卖给他，他偏偏要抢着买，这就是人类心理上的共同特点。

（2）最后一批

当顾客看好一件产品，本身也很喜欢，可是就是迟迟不肯下单。这时销售人员可以利用其“怕买不到”的心理告诉他：“由于各种原因，这一产品暂且不会出了，这是最后一批了，特别抢手。”这样的说辞往往会让顾客有一种危机感，促使其下定决心购买。

（3）众人抢着买

俗话说：“吃饭的人越多，饭越香。”销售人员可以找机会告诉一直徘徊在买还是不买关口的顾客“很多人都在抢购这一商品”。实际上，这也是利用顾客“怕买不到”的心理，使其产生一种危机感，促使其早下定决心交易。

总之，在接待这类顾客时，销售人员要强烈暗示对方“如果再不出手，就没有出手的机会了”，从而让其感受到危机感，迫使其快速下决心。如果你没能设法促成对方做出最后的决定，那么成交只能成为遥远的事情。

以安全实用性打动墨守成规型顾客

墨守成规型的人的总体特点是：性格沉稳，思想保守，不易接受新事物。做事讲究规律和条理，喜欢按部就班做事，不喜欢打破旧的行为框框。这种性格的人爱钻牛角尖，而且不容易从里面摆脱出来。另外，这类人容易被一些先入为主的观念所左右，而一旦形成固定的印象就很难改变。

在消费观念上，这类人喜欢在同一家商店购买商品，认准一个牌子的东西一直用，对其他的商店或者品牌则没有太大的兴趣。选购商品注重安全、品质和价格，会对商品做出理智的分析和判断，只有当他们确认产品适合自己长期使用才会决定购买。

由于墨守成规型的人容易被一些先入为主的观念所左右，而一旦形成固定的印象就不容易改变，所以，如果他们对产品或者服务有了认定后，销售人员是很难让其改变看法的。这也是销售人员与这类顾客打交道感到麻烦和头疼的一个地方。

墨守成规型的顾客追求产品的优等质量，同时也希望价格比较合适，所以他们更易接受物美价廉的商品，他们一般不会对太过高档的商品产生兴趣。因为在他们看来太过高档、不实用的消费都是奢靡的，不值得提倡。

正是因为如此，墨守成规型的顾客接受新产品的过程是比较缓慢的，因为他们需要对产品的质量以及其他多方面的因素进行综合考虑和检验。只有当他们最终确认产品是实惠的、安全的才会选购该商品。所以销售人员在面对这样的顾客的时候，必须要拿出足够的耐心，急于求成只会让这类顾客产生反感，使其本身固守的心理更加强烈。

方强是一个推销某品牌洗衣机的销售人员。一次，他来到一个顾客的家里做推销，接待他的是女主人，一位中年妇女。

方强一边和顾客谈着，一边观察顾客家里的家具陈设，他发现顾客家中的摆设整齐而大方，虽然有些家具已经陈旧了，但是很明显质量还是非常不错的，整个房间有着一种强烈的古朴味道。方强还发现顾客所用的家电基本上都是同一个品牌。此外，通过交谈，方强可以断定女主人是一个生活作风颇为保守的人，她注重产品的质量，其消费观念虽然不时尚、前卫，但是很注重生活品质，消费水平属于中上等。

在获得了这些比较直观的印象之后，方强心中便有底了。他首先找了个话题，谈及了女主人家的家电，说女主人有眼光，选的产品质量好，价格又适中，而且也很符合家庭布局的格调。女主人听了显出开心的样子，在言谈中还透露出一些自豪感，她说全部家电都是由她来负责选购的，而且丈夫也很满意，不仅质量好，还省下了一大笔钱。

方强趁机夸赞女主人能干、有主见，并且顺便把谈话的主体转移到了自己所推销的洗衣机上，说女主人忙家务一定很累，而自己推销的洗衣机则可以给她带来很多方便，保证她的丈夫也会喜欢。接着他自然而然地把自己推销的洗衣机的性能、价位、售后服务等信息详细地向女主人做了说明。当女主人通过对比发现这款洗衣机确实适合自己时，便对产品产生了浓厚的兴趣。

方强还不失时机地对女主人说，他所推销的洗衣机质量的确很好，而且还可以先试用一周，这样又给顾客吃了一颗定心丸。女主人试用以后感觉非常满意，于是很干脆地通过方强购买了一台洗衣机。

由于这类顾客不轻易舍弃之前用过的产品，所以，要想使其接受新产品，销售人员就要让其在实际的对比中，发现新产品有更好的性能，这样才会慢慢地改变顾客的观念，让其接受新产品。

在劝导这类顾客购买产品的过程中，如果销售人员能够给对方澄清其中的利害关系，并且能够提供物美价廉的商品，还是可以很轻易打动内心的。其中，销售人员最好的销售武器就是让对方感到自己给其推荐的商品安全实用。这种推销方法不仅省时省力，而且降低了成本，是个不可多得的销售方法。

基于墨守成规型的顾客的性格和心理特征，在与其打交道中，滔滔不绝并不是一种良好的沟通方式，最好的说服方式就是以事实说话。你的产品得到了大家的认可，大家都很信赖你，那么让墨守成规型的顾客信赖你，和你签单也就是自然而然的事情了。

总之，要想让墨守成规型的顾客购买你推荐的产品，最为关键之处就是给对方提供安全实用的产品或者服务，让“物美价廉”去打动对方，这远比你滔滔不绝地盲目介绍要有效得多。

第十一章

卖产品更是卖服务，让良好服务把顾客牢牢拴住

销售人员一定要对销售有一个完整而正确的概念，要明白销售绝不仅仅只是将产品卖给顾客，而更应是为顾客提供良好服务的过程。事实上，顾客购买信心的提升有很大程度上得益于销售人员的良好服务。良好的服务是整个销售体系中一个不可或缺的组成部分。在现代社会，人们越来越注重生活品质，如果商家的服务体系不完善，服务跟不上，显然会大大影响销售情况。从这个角度来讲，真正的销售是从良好的服务开始的。

重视优质服务在销售中的作用

从另一个角度看，销售也是商家向买方提供服务的过程。因此，可以说良好周到的服务就是最好的推销。销售经验丰富、销售业绩好的销售人员都知道销售界的这句名言：真正的推销是从成交后开始的。设想一下，如果服务没有让顾客满意，那么可能就是“一锤子买卖”，销售可能就此终止了。相反，如果服务是良好周到、无可挑剔的，那无疑将会增强顾客的购买信心，从而为后续的购买奠定良好基础。

但是却偏偏有很多销售人员在推销产品时，忽视服务从不设身处地地为顾客着想。他们抱的通常是这样的心态：“我才不去管顾客因为什么才要购买这些产品或服务，这对我而言无足轻重。我感兴趣的是，他们买了产品或服务，而我则拿到了佣金。”如果抱着这样的心态去销售，那么很难让顾客乐意掏腰包购物。顾客掏钱固然是买产品、买服务，但同时也买的是心情。

相反，如果当一个销售人员站在顾客的立场上为其服务时，就比较容易抓住销售的重点，因为他知道顾客真正想要的是什么。一个成功的销售人员一定是一个品德好、心态健康的人。他们肯积极主动、设身处地为顾客着想，肯站在顾客的角度思考问题，理解顾客的观点，了解顾客最需要的和最不想要的是什么。只有这样，才能做到为顾客提供优质服务。

有一位销售培训师曾经对他的学员们说了一段意味深长的话：“能够把冰箱卖给爱斯基摩人的推销员不是一个好的推销员。爱斯基摩人发觉上当后就再也不愿见到他了，推销员也别想再回到那里卖其他任何东西了，那里的人已对他失去了信任。”

好的销售人员一定都是那些真正重视优质服务的人，这是他们成功的基本要素。看下面两个事例：

孙明在一家销售公司上班，主要负责复印机等办公设备的销售与服务工作。由于他在校时攻读的就是机械专业，再加上他非常喜欢机械修理，平时总是在研究这方面的事情，所以他的技术基础很好。在刚进入这家销售公司时，他就非常认真地学习修理复印机的技术，良好的基础加上认真的学习态度让他很快在技术方面出类拔萃。

由于技术好，服务态度佳，所以他很快就赢得了客户的认可和欢心。客户只要有关于办公设备方面的任何问题，首先想到的人一定是他。“哪儿不懂找孙明”几乎成了他所有客户的共识。客户认可了他，开始主动为他介绍顾客，而孙明则一如既往地为顾客周到热忱地服务。就这样，孙明的销售业绩快速提升了上来，公司每一年度的“年度销售总冠军”头衔总会落到他的头上。

鉴于他帮助公司获得了巨大的利润和树立了良好口碑，公司领导层决定晋升他为销售部的经理。孙明利用自己精湛的技术和良好的服务取得了事业上的成功。

孙明的销售之所以能够取得如此好的业绩，固然一方面有精湛的技术作为后盾，但更主要的是他周到热忱的服务为他的成功做了巨大的推动力。对此，孙明在回顾其成功的历程时感叹地说道：“其实最好的销售就是服务。”这句话佐证了优质的服务对销售成功的巨大意义。

原一平是日本保险界的推销之神，一次，有一个从别人手里购买了保险的人找到原一平说：“几年前我买了几份保险，但我感觉有些不妥当，我是不是应该放弃这几份保险，然后重新向你买一些划算的。”

原一平告诉他：“已经买了的保险最好不要放弃。想想看，你在这几份保险上已经花了很多的钱，现在保费是越付越少，好处却越来越多。因此，现在放弃这些保险，是很可惜的，也是不明智的。”

“如果你觉得有必要，”原一平接着说，“你可以把你的保险合约拿来，我看一看，然后查缺补漏，特别为你设计一套。如果你不需要买更多的保险，我劝你不要浪费那些钱。”

在这里，原一平没有站在自己牟利的立场为自己考虑，而是站在顾客的立场为对方考虑，如果他觉得对方的确需要重新投保，他会坦白地告诉对方，并替对方规划一个最合适的方案。但是如果没有那个必要，他会直截了当地告诉对方，不需要再多投保了。

正是这种为顾客全心全意服务的态度，处处为顾客着想的销售准则，让广大顾客认同了原一平，使原一平的销售业绩快速增长，让原一平成了创造日本保险神话的“推销之神”。

从上面的论述中，可以发现优质服务在销售中的巨大意义。要注意的是，这里所说的服务绝对不仅仅指售后服务，它要比售后服务宽泛得多，是从与顾客接触为顾客介绍产品一直到成交后为顾客提供售后服务之间所有的服务顾客的行为。

良好周到的服务一方面会增加顾客对销售人员及产品的信心，另一方面会扩大销售人员及其产品的影响，吸引顾客再次销售。因此，销售人员如果要创造最好的销售业绩，就不要忽视在销售过程中为顾客提供的服务。而且一定要做好为顾客的服务，让优质的服务拉动自己的销售业绩。

让你的销售从售后开始

不言而喻，售后对销售有着巨大的意义。从这个角度上，甚至可以说真正的销售活动是在售出商品后才开始的。

这一理念看似故弄玄虚，有夸大其词之嫌，但实际上，却是至理名言。因为只有让顾客重复购买的销售行为，才算是成功的销售。而要赢得顾客的忠诚，绝不是靠一次重大的行动就可以的。要想建立永久的合作关系，就需要销售人员用长期而优质的服务将他们维护住。因为这样做，就等于是让你的竞争对手永远也别想踏进你顾客的大门。看下面这个事例：

A君和B君是某家用机器人销售公司的销售员，两人都负责销售家用园艺机器人。不过，二人的销售业绩却是天壤之别，而原因就出在售后上。A君在交易成功之后，顾客取货之前，通常都要花上几个小时详尽地演示机器人的操作细节问题，如怎样将遗落在地上的杂草清除，怎样将歪斜的植被扶正，怎样让自己保证充电状态等。

最后，他还会对顾客说："我的电话全天24小时都欢迎您拨打，如果有什么问题，请给我的办公室或家里打电话，我随时恭候。"一旦顾客真有问题，他也是立刻就去解决，实在不行，还会联系别人帮忙。

相对于A君，B君则差很多。虽然他前期的推销积极热情，很有效果，但签单之后，就只是递给新顾客一本用户手册说："拿去自己看看。"就开始"转战"下一个目标顾客了。

结果呢？A君的顾客不仅自己会回头再买，而且还会介绍一些朋友来买。B君不仅都是"一锤子买卖"，而且有时还会遭遇退单。

现实生活中，很多推销人员会和B君有一样的想法，认为已开发的顾客已经和自己合作了，并不需要再跟进，就是要跟进也是售后部门的事情，和自己的关系不大或者认为顾客再订货时再跟进也不迟。另外，停止服务还可以腾出更多的时间去发现、争取新的顾客。

这种想法表面看上去没有问题，但是事实却不是那么回事。由于销售人员对已开发的顾客服务跟不上，辜负了顾客的信赖，致使顾客对该销售人员以及他所在的公司，连带着所销售的产品都抱有埋怨的心理。这样在下次有购买需求时，他们自然不会再去考虑该商家以及其所销售的产品，这样就断了商家的销售之路。

相反，如果销售人员能够及时跟进顾客，及时为顾客提供售后服务，不但能稳定顾客，并且还会通过顾客的口碑宣传和介绍带来更多的新顾客。这也就是许多销售人员越做销量越大、顾客越多的成功所在，也是许多销售人员业绩老没有起色的主要原因。

因此，要想成为一名优秀的销售人员，要想让自己的销售业绩持续增长，就要重视售后服务，就必须提供优质而长期的售后服务。这样，顾客才愿意一次又一次地光顾你的生意。更重要的是，他们乐意介绍别的人给你。成功的推销生涯正是建立在这一基础上的。

可以通过两方面来加强和保持对顾客的优质而又长期的售后服务：

一方面是要经常保持与顾客的联系，与自己的顾客保持联系，可以加深销售人员在顾客心中的印象，继续影响顾客未来的购买行为。顾客一旦需要再次购买或身边的亲人需要购买时，他们自然而然就会首先想到与自己关系融洽的销售人员。这样，客观上就为你带来了增长销售业绩的机会。

另一方面就是为顾客提供及时而周到的服务。诸多的事实证明，销售前的奉承，远不如销售后及时而周到的服务，后是创造永久客户的不二法门。

在现代高度竞争的市场经济体制下，很少有一种产品的质量、性能会远远超过竞争对手。但是，优质的服务却可以让两家企业拉开距离。对于销售人员来说，在产品的质量、性能差不多的情况下，如果确实为顾客提供了优质而长期的服务，那么必然会在未来的竞争中占据主导地位，这是毋庸置疑的。

让顾客无后顾之忧，放心购物

在销售过程中，很多销售人员经常会犯这样的毛病：销售前对顾客万分殷勤，但在对方决定购买交钱后就非常冷淡，对顾客的承诺和服务也敷衍塞责起来。正由于此，常有顾客在购买的时候产生疑虑："你们能做到售后服务上的保证吗?"

面对这种情况，如果销售人员不积极主动地向顾客保证，让顾客消除购买的后顾之忧，可能就会导致顾客临时变卦，取消购买行为，这样销售人员前期的努力就会白费。要知道，顾客得不到绝对的安全感，是不会购买的。

秦云刚进入一家电器销售公司做销售员，就赶上公司在商场做电器促销活动。由于宣传很到位，现场气氛很热烈，光临的顾客很多，销售员们都忙得不可开交，可是秦云忙了一上午还没开张，原因也很简单，就是不论她怎么说，顾客总是问几个简单的问题，就走开了。

下午的时候，有一位顾客来到销售现场，问秦云："我想买一个电饭煲，可听说你们的电器一直以来名声都不是很好，是因为你们的售后服务跟不上，是真的吗？"

"不是，您误会了……"秦云急忙辩解。

"误会？那你有什么保证吗？"顾客没有得到自己想要的答案，自然不肯罢休。

"这，要什么保证……"秦云一时语塞，不知道该怎么回答。

顾客见秦云这样子，明显很不高兴，转身要走。秦云和顾客的对话被一旁的销售主管听见，她见顾客要走，急忙走过来解围说："不好意思，她刚来，我来回答您的问题吧。"

销售主管针对这名顾客担心的售后问题做了相应的承诺，并拿出了顾客意见反馈表，证明公司的产品是有很好保障的。最终，她当着顾客的面填写了保修单，顾客这才打消了心中的顾虑，痛快地购买了商品，高高兴兴地走了。

在销售过程中，很多顾客都存在和案例中的顾客一样的顾虑，那就是担心产品的售后问题，甚至有些顾客把售后问题是否完善当成决定他们是否购买的决定性因素。因此，如果销售人员不能给顾客绝对的售后保障，顾客是不会放心购买的。

相反，如果能在与顾客的沟通中让顾客消费得放心，消费得舒心，也就满足了顾客心理安全的需要，那么顾客多半会选择与你合作。因此，当顾客想要购物却担心售后问题时，销售人员一定要向顾客展示全面的保障举措。可通过下列三种方式来实现：

（1）以专业素质征服顾客

一般来说，顾客如果对产品本身比较满意，只是担心售后问题，就会从专业的角度询问销售人员。因为，对产品的售后保障问题是否熟知是销售人员专业知识中的一部分。如果销售人员不专业，给予的解答没有让顾客满意，顾客自然就会心存戒备。所以，如果销售人员想要从心理上赢得顾客的认同，就要加强专业知识的学习，在顾客面前要显得更加专业。

除此之外，销售人员还要注重个人形象，努力树立良好的外在形象，让顾客从里到外都感觉你是专业的销售服务人员。顾客对销售人员认可基本上就是对产品的认可，自然也会相信你关于产品售后问题的回答。

（2）告诉顾客产品的正确用法

有时候，顾客在使用产品的过程中出现问题，原因并不在于产品本身，而是使用不当，造成顾客对产品的误会。如果在顾客购买产品前，销售人员就能告诉顾客产品正确的使用方法并提醒他们注意事项，那么顾客就会觉得你是个负责任的销售员。能感受到你在真心实意地为他们负责，顾客就会对你的善意给予回报，合作也就是水到渠成的事情。

（3）为顾客提供具有实际意义的承诺

可从两方面来为顾客提供具有实际意义的承诺：一方面是质量保修承诺；另一方面是服务承诺。质量保修承诺主要是对产品因质量产生问题的保修承诺。比如，可以告诉顾客："我公司对所销售的电器产品存在的质量问题十年内实行免费维修、更换""十年后实行有偿维修、更换，价格按当时市场价格计"。

服务承诺是关于公司售后服务设备以及技术人才的实力保证。比如，可以告诉顾客："我公司拥有一批专业的电气工程技术人员和完善的电器检测设备。设有专门的技术部门指导电器的安装，还拥有一支经过严格训练的安装队伍，为用户提供一流的安装服务并实行售后跟踪服务。"

总之，在销售中，销售人员要及时消除顾客对产品或者服务的后顾之忧，让顾客放心购物，一定不要留下"万事俱备，只欠东风"而致使交易失败的遗憾。

向顾客承诺产品零故障

严格来说，产品零故障是不现实的，顾客在产品的使用中因操作不当，或因外力的作用致使产品出现故障，顾客也是能够理解的。因此，只要自己的产品是合格的，销售人员做出这样的承诺，不算是欺骗消费者。事实证明，这个承诺对顾客具有巨大的吸引力。

毫无疑问，任何有故障的产品，顾客用起来都不会开心。所以，从这个角度上来讲，最好的服务应是保证产品的零故障，即零故障的产品才是最好的服务。

事实上，绝大多数顾客花钱买了产品后，在使用过程中，总在担心产品会在哪一天发生故障，甚至产生危险。顾客没有义务为此担惊受怕，他们要的是安全感。在产品出现故障以后，即使你提供了优质、快速的维修服务，顾客也还会为此事费尽心思、浪费时间，关键是耽误了顾客使用。

另外，由于多种原因，现在很多商家的售后维修很不到位，顾客把有故障的产品交给维修部，不知道什么时候才能把它取回来。这样的服务与产品零故障服务显然有着本质上的差别。

在20世纪90年代，日本有一家生产复印机的公司曾经一度占据了日本整个复印机市场。但是，尽管他们的产品占据了垄断地位，可是他们的产品质量却不是很好。该公司频频收到顾客的投诉，为此，该公司建立了一个庞大的修理网络。但这个网络是从公司角度而不是从顾客的角度去解决问题，也就是说治标不治本，没有站在顾客的角度真正为顾客着想。

商家和用户的矛盾越来越大，最后，该公司不得不在两种方案中选择：要么对产品进行彻底的重新设计以消除故障，要么扩大修理网络规模。公司选择了后一方案，他们招募了更多的修理工，并从修理服务中获利。但是这样一来，产品设计和生产部门再也不愿改进复印机的质量，因为这样做反而会减少修理服务部的工作量和利润。

投诉一如既往得多，用户的抱怨更加浓烈。竞争者们发觉这是个千载难逢的机会，他们大举开发新产品并迅速打入市场，并在销售的过程中向顾客郑重承诺：保证产品零故障，如果真的出现意外故障，公司保证换新加赔偿，没有维修。这个承诺一公布，新产品立即夺走了复印机市场的大部分份额。

可见，顾客是十分看重产品零故障的，产品零故障才是最好的服务。

一个准备长远发展的公司应当把这个理念深入到各个部门或领域里去，对销售人员而言，要全面了解自己所推销的产品，确保产品没有质量问题，这样才能在推销产品时，给顾客做出产品零故障的承诺。如果产品质量有问题，就不要给顾客做出这样的承诺。因为如果在使用的过程中，事故频发，顾客定会因此认为你欺骗了他，从而对你失去信任。

在保证产品质量没有问题的情况下，大胆向顾客保证产品零故障，顾客就会增强对产品的信心，从而会放心购买，而且还会口口相传。这样，顾客就会越来越多。

产品零故障服务不属于售后服务的范畴，它侧重对产品的高质量设计，更能体现“顾客至上”的服务精神，同时也可以建立顾客对产品的安全感、对商家以及销售人员的信任。因此，销售人员要大胆地利用这一承诺对顾客的吸引作用，让顾客充满安全感购物。当然，这样做的前提之一是要确保产品的质量过关。

通过售后服务把顾客争取过来

很多销售人员急功近利，只把目光盯在眼前的蝇头小利上，为了能让顾客购买他们销售的产品，不惜做出各种承诺。这些承诺大多数是属于售后部分的，不用立刻兑现，这就给了他们利用的机会。在他们看来，以后服务怎么样，那是售后部门的事，跟自己无关，所以，他们大肆利用这样的机会，给顾客做出万千保证。不但如此，他们还不惜采取撒谎的方式应付顾客，这无疑是在与顾客做一锤子买卖。

显然，这种行为是不正确的，有着很大的弊端。销售人员要明白，顾客在购买商品时，很多时候往往是销售人员做出的某项保证，才促使他们做出购买决定的，也就是说销售人员的这个承诺是他们购买行为的关键要素。当顾客付费之后，他们获得了商品，但并没有获得承诺的服务或其他增值项目，因此在顾客心中他们的购买行为并没有结束。

这就产生了偏差，销售人员一定程度上认为，顾客付钱把商品拿走以后，销售行为就结束了。可是在顾客心中，把商品拿走只是自己购买行为的开始，后续还涉及保修等售后服务。

自以为销售行为已经结束了的销售人员在顾客那里销声匿迹了，顾客也联系不上他们了。实际这是非常不明智的做法。在销售过程中，销售人员与顾客建立起了友好的互动关系，一定程度上，顾客也是出于情感才做出购买决定的。而销售人员在产品售出之后在售后服务上缺席了，顾客再也联系不上对方了，这意味着之前的友好只是为了销售产品的需要，显然这对顾客是一种感情伤害。

事实上，售后服务不仅是销售产品的信息跟进与升级，还是销售人员的后续销售的开始。服务做得好，能够为销售人员带来更多的顾客，因为做出购买决定的顾客会将自己的使用感受告诉自己的朋友。

当销售人员为顾客送去完美的甚至超出他期望值的售后服务时，第一会满足顾客的消费欲望；第二顾客会有向亲友分享成功消费体验的欲望；第三更会满足顾客被尊重的欲望。从这三个角度做好售后服务，是维护顾客关系、保证业绩的王道。

卢伟做的是社区网络推广，向街道办事处包括物业公司推荐自己公司的网络服务，为公司业务争取覆盖率。在这个过程里卢伟经常接触的是一些根本不懂得网络服务的叔叔阿姨、大爷大妈，要向他们销售是有一定难度的，但是卢伟却干得很出色。

看下面一幕：

“您好，秦阿姨，我来了！”卢伟一边推开街道办事处办公室的门一边打招呼。

“噢，就你自己啊，你们公司的服务人员呢？”秦阿姨见卢伟一手提着一个大铁箱子，一个肩膀扛着一大捆网线，忙迎了上去问道。

“他们在呢，可我不放心，就过来看看，出什么问题了？”卢伟问道。

“办公室的电脑又上不去网了，也不知道怎么回事？”秦阿姨说道。

“哦，没事，我检查一下，看看哪里出了问题。”卢伟一边说，一边检查，很快发现是连接路由器的网线不知什么原因被蹭掉了。

“是网线掉了，小问题，接上就好了。”卢伟麻利地结好了网线。马上，网络恢复了正常。

“哎哟，原来是这样，早知道这么简单，就不让你来了。”秦阿姨有些不好意思，但网络畅通了，还是很高兴的。

“没关系，我有空就过来了。”

“怎么，这还要去哪？”见卢伟要走，秦阿姨问道。

“南边社区看看去，看那边有没有住户需要。”

“哦，那你赶紧的。”秦阿姨把卢伟送出门外，“你放心，我这边也给你瞅着呢。8号楼顶层几个住户一到大风天就上不了网，回头我给说道说道，也换成你家的。”

“那可谢谢您了。”

“没事，谢啥谢，经常麻烦你。帮点小忙是应当的。”

“哪有啊，这是我应该做的，我给你做的销售，给你做售后服务也是应该的。”

“道理我明白，但经常麻烦，我这也不好意思，这大热天的，来回抱着那么重的东西，很辛苦啊！”

“呵，我没事，您要再有啥事尽管招呼，我先走了啊。”

“好的，去吧，去吧。”秦阿姨目送着卢伟走远了。

很快，卢伟所在公司的网络覆盖了周围的地区，是这一区域覆盖率最高的网络服务公司。公司良好的售后服务得到了广大用户的认可和赞扬，其中推销人员卢伟的功劳最为突出，他以自身超强的服务意识帮助公司塑造了良好的形象。

从这个事例可以看出，售后服务对产品销售有着巨大的协助作用，意义无穷。因此，仅仅将产品销售给顾客是不够的，而是要让顾客记住整个销售过程中的服务，这样顾客才愿意花精力为商家做二次销售。而这一切都需要销售人员在产品销售完成之后，在售后服务中完善、引导的。

事实已经证明，售后服务是商家产品营销非常重要的一部分，在产品同质化竞争越来越激烈的今天，没有售后服务的企业会被顾客认为是没有信用的企业，没有售后服务的商品则是一种没有保障的商品，而不信守承诺提供售后服务的销售人员则是不可交的朋友。

售后服务的目标就是实现顾客满意度的最大化，顾客满意度高，顾客就会体验到被尊重的感觉。当顾客感觉被尊重时，他会把同样的尊重还给企业或销售员，尊重销售员的付出，并愿意为其产品和付出积极宣传，介绍新顾客或实现二次购买。可见正如前面所述，真正的销售是从成交后的服务开始的。

说不如做，切实把服务落实到位

服务是一门复杂的社会课程，对于销售人员来说，如何学好这门复杂的社会课程，服务好顾客是非常重要的，它关系到销售的成败。

既然要服务好顾客，就首先要理解什么是服务好顾客?简单说，服务好顾客就是能够给予顾客满意、心情愉快的行动和语言的总和。服务的目的是相同的，但服务的方式却可以灵活多变。为了达到让顾客满意，让顾客拥有愉快心情的目的，就要真诚地接待每一位顾客，为其真诚贴心地服务，让其感到愉快。

销售人员一定要清楚，服务说起来简单，但做起来却很难。因为顾客的需求是多层面且不断升级的。因此说服务是无止境的，面对这种情况，销售人员一定要增强服务意识和提升服务水平。

（1）增强服务意识

每一位销售人员头脑中都要树立帮助顾客解决问题的意识，只有有了这个意识才能有相应的行动。要树立帮助顾客解决问题的意识，需要从了解顾客的需要开始。

一般情况下，顾客的需要有三个层面：基本需求、潜在期望、后顾之忧。要使顾客满意，就要达到顾客的基本需求，了解顾客的潜在期望，消除顾客的后顾之忧。

其中基本需求和后顾之忧是现实的，是当时就可能实现的。而潜在期望则是非现实的，是顾客的一种期望，也是后期商家完善服务的一个出发点。

推销人员要时刻意识到服务的价值所在。在销售服务的过程中，有顾客的利益、商家的利益和个人的利益，有时还有第四方利益存在其中。因此，一个销售人员是否合格，不是看其所服务的顾客对他的满意度有多高，而是看其是否善于平衡顾客、商家、个人之间的利益。要想做到、做好这一点，头脑中必须有服务价值的意识存在。

（2）强化优质服务

强化优质服务，要具有“把顾客当作上帝”的服务意识。“顾客是上帝”是沃尔玛超市的一条服务标语，也是他们的服务准则。每一位走进沃尔玛超市的人都会看到两行字：“①顾客永远是对的；②顾客如果有错误，请参看第一条。”

从这里我们就能看到沃尔玛对服务的重视程度，这提示销售人员要充分尊重顾客和顾客的每一需求，并以热情的工作态度去关注他们，最终通过周到的服务让顾客感到满意。

强化优质服务要做到服务到位。为了让顾客满意，销售人员要努力给顾客提供专业、全面的服务。要想顾客所想，急顾客所急，实实在在为顾客解决问题，为顾客提供各种咨询、实施、售后支持等服务。总之一句话：服务要到位。

强化优质服务要做到快速响应顾客需求。服务的一个重要环节就是能迅速地响应顾客的需求，销售人员在洞察或了解了顾客的需求后，要在第一时间立刻对顾客的需求迅速做出反应，并能根据顾客的需求快速引入新产品或提供更具附加值的兴奋型服务，以赢得顾客的满意和信任。

强化优质服务要做到以顾客为中心。以顾客为中心的服务理念最初主要是指门店应该生产出能够满足“顾客需求”的产品。如今以顾客为中心的服务理念的范畴早已经超越了当初这个层面，已经扩展到整个销售活动当中。

强化优质服务要持续为顾客提供优质服务。要做到持续为顾客提供优质服务不是一件容易的事，持续就是要为顾客提供长期的、始终如一的高品质服务。如果是为顾客提供一次优质的服务，甚至一段时间的优质服务，都很容易做到，但这并不代表持续。

要想保持持续的优质服务，就必须建立、健全系统的销售工作标准、操作程序和相关制度。如：紧急服务和非紧急服务的流程和程序、现场销售和网上销售的流程和程序、商品紧急返修和正常返修的流程和程序等。

强化优质服务还要努力满足顾客的个性化要求。顾客的类型多种多样，需求更是千奇百怪，因此存在个性化要求也就显得十分正常了。销售人员如果在工作中能抓住每位顾客的需求心理，并能予以满足，那么销售工作就能顺利开展。而在这个过程中，需求得到满足的顾客会觉得他们得到了与众不同的服务和格外的尊重。因此他们会感到满意，并对销售人员充满感激。

（3）完善配套服务

配套服务是指在服务软件得到建立并完善的同时，也需要建立并完善硬件设施，这样可提高顾客对商家以及销售人员的信任程度。比如珠宝店可以设置婚礼用品咨询台，为顾客提供婚礼方面的咨询服务。这些服务可包括：向顾客介绍举办婚礼的礼节礼仪，与顾客商量应该向参加婚礼的来宾回赠什么礼物，等等。总之，为顾客提供配套服务，可以在最大程度上满足顾客需求。

再比如，高级美发店可以在店内合适的地方放置沙发和饮水机，使结伴而来的顾客在这里喝茶、聊天，享受商家贴心的服务。

这样的配套服务，看似随意、简单，有时候却可以起到意想不到的作用。它们可以不拘泥于某种形式，只不过一定要从方便顾客、服务于顾客的角度出发，力争为顾客提供周全贴心的服务，让顾客满意。

把顾客培养成产品使用的行家

销售模式不是固定的，也不是唯一的，常见的销售模式是先推荐产品，然后再介绍服务。但是也有先销售服务，然后再销售产品的模式。具体模式和方法要视具体情况而定，不是僵化固定，不可改变的。

后一种销售模式，也就是先销售服务，后销售产品的销售模式，适合这样一种销售情况：顾客很喜欢某个产品，也有购买欲望，但最终购买欲望并没有转化为购买行为。这是为什么呢？实际上，其中的原因很简单，这类顾客之所以没有购买产品只是因为他们不会操作或不能完全操作好产品，使得他们知难而退，放弃了购买。这类顾客多半是老年人和一些文化程度不高的年轻人。

这种情况下，如果销售人员能为其提供必要的服务，先把顾客培养成产品使用的行家，他们不就没有了障碍，而选择购买了吗？

而要想采用这种服务模式，就要求销售人员自己首先就是产品的使用行家。因为如果销售人员对所推销的产品并不十分熟悉，只了解一些表面的浅显的知识。换一句话说，自己都不怎么会使用所推销的产品，那么又怎么能教会顾客学会使用呢!

所以，这样的结果就是：在推销活动中，顾客多提几个问题，就把你“问”住了。顾客往往会因为得不到满意的回答而打消了购买的念头。你也会因为对产品解释不清或宣传不力而大大影响销售业绩。更严重的问题是，时间一长，不少销售人员会有意无意地把影响业绩的原因归罪于产品本身，从而对所推销的产品渐渐失去信心。

因此，为消除自我意识在日常推销中的负面影响，对自己所推销的产品建立起充分的信心，销售人员应充分了解产品的情况，掌握关于产品的丰富知识。如产品类型、规格、性能、技术指标、质量水准、生产工艺、使用方法，以及公司产品与其他企业同类产品的竞争优势、价格情况和产品发展前景，本企业产品与社会文化传统和地域消费习惯的关系，以及本企业产品的不足或有待改进的方面等。

只有当你全面掌握了所推销产品的情况和知识，才能说服顾客，增强自信心。例如，现代高档家用电器的功能越来越多样化，结构也越来越复杂化，因而对店面推销也提出了越来越高的要求。顾客往往要向销售人员或营业人员问清楚后才决定是否购买。而许多顾客的询问被“请看说明书”等话语拒绝了，结果顾客也只能是拒绝购买。

顾客的购买决策，一定程度上取决于销售人员对产品信心的坚定程度。当销售人员对自己所销售的产品深信不疑时，在产品性能优良的前提下，顾客的购买决策则取决于销售人员对产品知识的把握程度。

在门市店销售消毒碗柜的王晓毕业于A市大学现代机器应用系。在销售消毒碗柜之前，她对自己所负责销售的消毒碗柜做了详细的了解，对产品的各个性能指标了然于胸，建立起了对销售该产品的信心。

在销售中，她把消毒碗柜的内部结构、技术性能指标和使用方法及注意事项等情况介绍得清清楚楚、明明白白，顾客听得心服口服。如果顾客还没有明白，王晓就让顾客亲自操作，一遍操作没效果，那就进行第二次操作，直至顾客学会。这种情况下，很多顾客迅速做出了购买的决定。

在熟练掌握产品相关情况的基础上，销售人员还要具备愿意为顾客服务的热情，只有保持愿意为顾客服务的热情，对顾客的提问耐心解答，才能将产品的相关情况以及使用情况、注意事项给顾客介绍得清楚周到，容易让顾客接受。

总之，销售人员要努力把顾客培养成产品使用的行家，不让销售活动卡在顾客不了解产品、不会用产品的环节上。通过自己热情周到的服务，扫清顾客购物的障碍，提高成交的几率。

建立回访机制，把顾客牢牢拴住

在销售行业中，回访是指公司售后服务人员向本公司的顾客咨询有关本公司的产品及服务的一些问题。其目的是为了更好地提供服务，借以提升公司的形象。

事实上，回访可以解决很多问题。比如，可以了解产品的应用情况，了解顾客的使用情况，顾客对产品的意见以及建议，继续合作的可能性有多大，顾客在想什么，最需要什么，需要商家如何配合，等等。如果能掌握这些信息，对商家的生产和销售都极有好处。同时，能及时联系到需要帮助的顾客，并提供相应的支持，也必将大大提升顾客的满意度，对后续销售有着重大意义。

实践证明，通过顾客回访来增值商品，借助老顾客的口碑来提升新的销售增长，是顾客关系管理成本最低也是最有效的方式之一。

随着社会经济的发展，商家竞争日趋激烈，很多商家都认识到了售后服务的重要性，因此都建立了回访机制，希望能为顾客更好地服务，借此把顾客牢牢拴住。

虽然回访通常由商家专门的客服部门来负责，但销售人员也要参与进来，无论是交易完的顾客还是未交易的顾客，都需要回访。对于销售人员来说，努力与顾客保持长期良好的关系，为自己搭建更宽的人脉，是提高自己业绩的捷径，会让自己的销售生涯更长久、更顺畅。

在回访之前，要对顾客进行细分。细分的方法很多，销售人员可以根据自己的具体情况进行划分。可以按照顾客的来源划分，比如可以分为自主开发、广告宣传、老顾客推荐等；也可将顾客按其属性划分，如可分为合作伙伴、供应商、直接顾客等；还可以按顾客的地域进行分类，如可分为华北地区、华南地区、东北地区等等，再往下可以按地区或者城市分。

顾客细分完成后，应针对不同类别的顾客设计出不同的顾客回访计划，以增强服务顾客的效率和效果。明确顾客的需求才能更好地满足顾客，因此要站在顾客的角度，去想想顾客可能会有哪些需求。这样带着问题去回访顾客、服务顾客，必然会产生好的效果。

在回访时间方面，最好在顾客有了问题找你之前回访，这样才会更能体现你关怀顾客之情，从而更能打动顾客。

也可以根据销售周期来定期做回访，这样可以让顾客感觉到你的诚信与责任。定期回访的时间要有合理性，如以商品销售出一周、一个月、三个月、六个月……为时间段进行定期的回访。如果在回访时发现了问题，一定要及时给予解决方案，最好在当天或第二天到现场进行问题处理，将用户的抱怨控制在最小的范围内。

在一些节日回访顾客时，可以送上一些祝福的话语，这样不仅起到亲和关系的作用，还可以让顾客感觉到一些优越感。

如果能够提供超出顾客期望的服务，往往会提高顾客对商家或商品的美誉度和忠诚度，从而创造新的销售可能。正所谓关怀顾客是持之以恒的，销售也是持之以恒的。

建立顾客回访制度，一个重要的方法就是建立和运用数据库系统。

要不断地更新数据库，并记录详细的回访内容，如此循环便使顾客回访制度化。

在顾客回访过程中遇到顾客抱怨是正常的，要正确对待顾客的抱怨，不仅要平息顾客的抱怨，更要了解抱怨的原因，努力把被动转化为主动。服务部门可设立意见搜集中心，收集更多的顾客抱怨，并对抱怨进行分类，例如抱怨来自对商品质量的不满意（由于功能欠缺、功能过于复杂、包装不美观、使用不方便等），还是来自对销售人员的不满意（不守时、服务态度差、服务能力不够等），等等。

通过解决顾客抱怨，不仅可以总结服务过程，提升服务能力，还可以了解并解决商品相关的问题，提高商品质量，扩大商品使用范围，更好地满足顾客需求。

为了更好地服务顾客，做好顾客回访工作，商家最好要求顾客填写调查表格。调查表格可随着商品一起寄给顾客，顾客填好之后再寄回商家。为了让顾客更好地参与进来，可以向顾客承诺，如实填写调查表格并把表格寄回来以后可以参加抽奖，通过奖品来刺激顾客填写表格。

同样，为了让顾客回访更有成效，可以建立顾客满意度调查数据库。通常，顾客满意调查不是一次性做完，而是分阶段循环来做。可能每过几个月做一次，每一次调查数据的统计结果可能都不一样。因此，需要建立一个顾客满意度调查数据库，然后定期做分析，借以更好地了解顾客的各类信息，最终达到更好服务于顾客的目的。

总之，顾客回访是售后服务的重要内容，是提升顾客满意度的重要手段。对于商家和销售人员来说，借顾客回访不仅可以得到顾客的认同，还可以创造更多的价值。因此，一定要引起足够的重视，并妥善处理、充分利用。

后记：促成销售成功的11条戒律

（1）思考。第一，你的心态决定你的销售成败，所以调整好心态，做到胸有成竹；第二，早在销售成交之前，销售计划就要在你的脑海里形成。

（2）信仰。创建一个四位一体、坚不可摧的信仰体系。四位指的是你的公司、你的产品、你自己以及你的顾客。你的信仰体系最终决定你的命运。要相信你的产品会让顾客生活得更美好，也要知道世界上最重要的那个人是你自己。

（3）交流。设法让你的顾客对你的谈话感兴趣，让他们围着你转，通过交流，让他们开心起来，与他们建立朋友或者更进一步的关系，然后再谈销售。一句话，如果没有建立良好的人际关系，就不要涉及销售话题。

（4）发现。要明白顾客购物是基于自己的理由，而非你的理由，因此首先确定他们的理由。要深入了解所售产品的卖点是否能满足顾客的购买需求，然后在此基础上去给顾客介绍。

（5）提问。通过对顾客的提问，了解他们如何看待拥有自己所推荐的产品的种种好处。在设计和提出问题时，既要让顾客考虑个人需求，也要让他们给出你想要的答案。

（6）观察。观察能力需要同销售能力和倾听能力同样强大。好的观察能力让你想知道的答案有一半不言自明。所以，你要随时保持警惕，敞开心胸，这样当机会出现时，你就可以及时发现，及时抓住。

（7）勇气。要有敢于冒险的勇气。每天的工作都需要冒险，需要你敢于将冒险精神付诸实践。对于你而言，勇气和行动同等重要，要意识到风险并有勇气冒险。

（8）承担。失败总是有原因的，所以如果交易未达成，要确定失败的原因。在这个过程中，要勇于承担责任，从失败中学习，改进导致失败的方面。

（9）赢取。你要明白这样一件事情：销售是为了建立长期关系，而非赚取佣金。帮助你的顾客发展、成功，获得利益，那么你就会赢得订单。还有助于你获得更多的忠实顾客，这样你就赢得了长久的订单。

（10）佐证。一位顾客的现身说法远比100场销售演讲更有效。记住：没有比让顾客现身说法更能说明你优秀的为人处事的方式了，它是你为人处事最实在的佐证，最能让你获得人心。

（11）日积月累。进步需要日积月累，不可能一蹴而就，每天进步一点，朝着宏大的目标一步一步迈进。步步为营，每日保持自律，大处着眼，小事做起。